Satoshi Nasura

QUAND LES DIEUX FOULAIENT LA TERRE
I

Les Chroniques du Ǧírkù
à l'épreuve de la mythologie comparée

ОMNIA VERITAS

Satoshi Nasura

QUAND LES DIEUX FOULAIENT LA TERRE I
Les Chroniques du Ǧírkù
À l'épreuve de la mythologie comparée
2017

Publié par
Omnia Veritas Ltd

www.omnia-veritas.com

© Omnia Veritas Ltd – Satoshi Nasura – 2017

Tous droits réservés. Aucune partie de cette publication ne peut être reproduite par quelque moyen que ce soit sans la permission préalable de l'éditeur. Le code de la propriété intellectuelle interdit les copies ou reproductions destinées à une utilisation collective. Toute représentation ou reproduction intégrale ou partielle faite par quelque procédé que ce soit, sans le consentement de l'éditeur, de l'auteur ou de leur ayants cause, est illicite et constitue une contrefaçon sanctionnée par les articles L-335-2 et suivants du Code de la propriété intellectuelle.

LES CHRONIQUES DU ǦÍRKÙ À L'ÉPREUVE DE LA MYTHOLOGIE COMPARÉE

PRÉFACE 7
NOTE DE L'AUTEUR 9
REMERCIEMENTS 15
INTRODUCTION 19
CHAPITRE I 27
   Rétrospectives & Développements 27
      1 -De la Grèce Antique… 27
      2 -La Nature du Mythe 46
      3 -La Généalogie des Mythes 72
      4 -Retour sur les Chroniques du Ǧírkù 77
CHAPITRE II 97
   Cosmogonies et Généalogies Divines 97
      1 -L'Enūma Eliš et la Théogonie de Dunnu 97
      2 -Du temps de Zep Tepi 108
      3 -Théologies orphiques et hésiodiques 119
      4 -Cycle de Kumarbi et Synthèse Cosmo-Théogonique 134
CHAPITRE III 144
   Récits des Premières Guerres 144
      1 - La revanche de Tiamata et la révolte des Igigi 145
      2   Le géant Ullikumi et le serpent Illuyankaš 152
      3 - Titanomachie, Gigantomachie et la menace de Typhée 154
      4 - Les autres guerres divines : Égypte, Inde des Védas et Europe occidentale 159
      5 - Identification des protagonistes divins et liens avec les Chroniques du Ǧírkù 166
      6 - Au pied du Mont Olympe 187
LEXIQUE 194
   (Gina'abul ou proto-sumérien & suméro-akkadien & égyptien) 194
BIBLIOGRAPHIE 200
DÉJÀ PARUS 203

PRÉFACE

Voici une étude importante sur bien des points. En rédigeant mes différents ouvrages, jamais je n'aurais imaginé découvrir un écrit aussi détaillé sur la mythologie grecque – vaste sujet parallèle à mes recherches – pourtant rarement explorée de mon côté par manque de temps, mais aussi à la faveur d'une prise de conscience évidente : cette tâche "insensée et sacrilège" allait fatalement m'éloigner de mes projets en cours pour un temps indéterminé. Indéterminé, car se lancer dans une pareille entreprise, c'est un peu ouvrir la boîte de Pandore. Cependant, je dois sincèrement préciser que ce sujet me rebutait également tant les mythes grecs ont toujours représenté pour moi une "version hybride" de l'histoire, une transcription inspirée de l'Égypte ancienne, de Babylonie, de Syrie ou encore de Mésopotamie.

Avec détermination, Satoshi Nasura s'est engagé dans l'exercice périlleux de l'ouverture infinie de portes sur d'autres portes, dans le vertige d'un mystère sans cesse renouvelé. Avant de se lancer corps et âme dans un tel pari, il fut, en un premier temps, un de mes grands détracteurs. Profondément fasciné par le contenu des *Chroniques* et mon décodage protosumérien (Emešà), il se mit à fouiller inlassablement les champs de ruines mythologique et historique pour tenter de trouver des failles et surtout pour comprendre... Totalement troublé, il exposa ses doutes sur le Net pour finalement engager de longues discussions qui suscitèrent l'intérêt de mes proches. Inévitablement, nous avons échangé à une époque où cela relevait encore de l'exploit en raison de ma volontaire mise à l'écart. De là découla sans doute pour lui, peu à peu, cette étude des "Chroniques du Ğírkù *à l'épreuve de la mythologie comparée.*"

Cette étude pose des bases importantes pour une compréhension de notre véritable passé. À l'intérieur même de l'espace de travail de mes *Chroniques*, l'auteur n'a fixé aucune limite à son champ d'investigation, et c'est là toute la force de son étude. Nous sommes rapidement plongés dans un monde vertigineux en proie aux excès des dieux et de leur technologie. La démonstration peut dérouter au premier abord, tant elle nécessite l'apport de multiples tableaux et schémas, mais la fascination exercée par les nombreux parallèles entre la mythologie grecque et les *Chroniques du Ğírkù* génère une dimension "quantique", sous-jacente et jusque-là inexplorée. Certes, le point de vue de l'auteur sur ces sujets reste souvent personnel, mais cette étude demeure très objective avec même, régulièrement, une démarche de type universitaire. Comme l'a fait Catherine Bréant, en 2015, avec son ouvrage *Colère à l'Œuvre* (éditions Geuthner),[1] Satoshi Nasura aura sans aucun doute contribué de manière fort convaincante à démontrer la valeur historique de mon code protosumérien (Emešà) détectable dans toutes les langues anciennes.

Que l'on soit bien d'accord, il s'agit ici d'un travail considérable sur les mythes fondateurs de la Grèce antique et sur notre propre connaissance d'un passé en miettes. Cette entreprise de déconstruction des mythes grecs, digne des Titans, possède également le mérite de rendre accessible un sujet bien souvent resté mystérieux par manque d'éléments comparatifs.

Le lecteur pourra-t-il résister à l'appel de cette gigantesque aventure de la pensée humaine ? Pour une recherche historique et mythologique de ce type, nous ne pourrions être mieux servis que par quelques acharnés et exaltés par une Foi inébranlable, dignes des plus grands héros de nos légendes. Ils sont peu nombreux et Satoshi Nasura en fait assurément partie. Je remercie l'auteur pour l'honneur qu'il me fait d'éclairer ainsi les coins les plus secrets de l'âme humaine en mettant en valeur le fruit de mes quelque 35 ans de réflexions et de travaux.

Anton Parks, été 2016

---

[1] http://www.geuthner.com/livre/colere-a-l-oeuvre/1057

NOTE DE L'AUTEUR

L'idée de cette série d'essais est partie d'un constat : à l'origine destinée à paraître sur Internet comme un article de Blog, il m'est vite devenu évident que la somme d'informations cumulées dans cette étude ne pouvait trouver sa place sur une simple page Web ! D'autre part j'ai toujours préféré, comme de nombreuses personnes, le format "livre" pour la lecture. Il était question au départ de ne rédiger qu'un seul essai. Cependant, au regard de l'évolution et du contenu (assez dense, vous en conviendrez !) de celui-ci il a semblé évident qu'il fallait scinder l'étude en plusieurs parties. Chacune des parties pourrait théoriquement se lire indépendamment, mais il y a tout de même une progression logique entre les trois tomes ; sans oublier les renvois réguliers que j'effectue aux deux autres tomes dans chacun d'entre eux. Voilà pour la forme.

Concernant le fond, maintenant : arrivé à la conclusion que de nombreux chercheurs dits "alternatifs" étaient arrivés à (re)découvrir l'Histoire – tout du moins des bribes d'Histoire – qui se cachaient derrière nos mythes et légendes, je me devais humblement de faire amende honorable et apporter ma modeste pierre à l'édifice – ayant une bibliothèque bien fournie et un peu de temps pour ce genre de hobby. J'ai eu l'opportunité de me pencher sur les travaux de nombreux auteurs, et parmi eux, il y en a un qui se détache nettement de l'ensemble. Je veux bien sûr parler d'Anton Parks.[2] J'ai découvert ses travaux dès ses premières parutions en 2005 et je les suis assidûment depuis lors. Je n'ai pas manqué d'être critique vis-à-vis des découvertes de l'auteur – de son point de vue, j'ai même été l'un de ses plus grands détracteurs ! – mais avec le temps, mes propres recherches m'ont menées peu ou prou au même corollaire que ce dernier. Les ouvrages de cet

---

[2] Retrouvez les ouvrages d'Anton Parks sur http://www.pahanabooks.com/

auteur se distinguent en deux catégories :

- ➢ d'une part les *Chroniques du Ğírkù* (auxquelles nous nous référerons souvent sous l'appellation *Chroniques*) retraçant des sortes de souvenirs inscrits dans un cristal mémoriel,[3] un journal "intime" partagé – dirons-nous – par une suite de personnages appartenant à une même lignée ou famille à travers les âges (sans que Parks ne puisse expliquer comment ni pourquoi les données enregistrées dans ce cristal ont pu atterrir par épisodes successifs dans sa tête),
- ➢ les essais, d'autre part, regroupant les recherches linguistiques, mythologiques, anthropologiques et scientifiques effectuées par l'auteur autour des informations perçues.

J'ai même eu la chance d'échanger avec Anton Parks et de confronter mes propres travaux avec les siens. Ma recherche s'est concentrée dans cet essai autour de la mythologie grecque, un corpus peu étudié par l'auteur des *Chroniques du Ğírkù*. Pourquoi la mythologie grecque ? Parce que j'ai toujours été attiré par ces récits de légendes où les dieux[4] n'ont jamais semblé aussi "humains". D'autant que dans ses livres Anton Parks prouve clairement ce que d'autres ont également touché du doigt : les différentes cosmogonies et cosmologies du monde antique trouvent leur source dans une histoire analogue vécue par nos ancêtres dans des temps ancestraux. Et aussi surprenant que cela puisse paraître, on trouve des points communs entre les mythes des *Eddas* germano-scandinaves et ceux de l'Inde védique, entre les légendes de l'ancienne Mésopotamie et de l'Égypte antique ou encore entre les mythologies amérindiennes et chrétienne…

Je me disais donc qu'il était fortement improbable que la mythologie grecque ne partage pas également quelques points de

---

[3] Ce cristal aux multiples fonctions est le fameux "Ğírkù" ; son nom d'*usine* étant "Ugur".
[4] Ici le mot "dieu" n'a pas de sens sacré, la majuscule ne sera donc (quasiment) jamais de circonstance. Nous ferons cependant parfois quelques entorses à cette règle… Notamment concernant la Grande-Déesse dont le caractère sacré transcende toute forme de religion et de dogme.

convergence avec d'autres cosmologies, cosmogonies et anthropogonies de l'Antiquité.

***

Je ne suis pourtant pas un mythologue – pas même amateur ! –, pas plus qu'un linguiste. Je suis assez loin d'être versé dans la littérature. On pourrait à la limite me qualifier de passionné de mythologies. Je n'ai aucun diplôme de haut rang, je n'appartiens à aucun club prestigieux, aucune association reconnue, et mon cercle social est assez restreint. Je n'appartiens pas non plus à l'autre extrémité du spectre : les sciences ne m'intéressent que lorsqu'elles se mettent à mon humble niveau de quidam. En fait, je suis un lecteur avant toute autre chose. Un lecteur curieux, très curieux. Je pourrais être l'un d'entre vous ! À la différence peut-être que je suis allé plus loin que la moyenne des lecteurs communs vis-à-vis des recherches menées par un auteur quelconque. J'ai tenté de m'approprier la méthode et les outils de travail de l'auteur des *Chroniques* et je suis parvenu à certains résultats dont cette étude est un condensé. À la rédaction de ces lignes, j'aurai passé environ cinq années – en parallèle de mon activité professionnelle à temps plein – de lectures variées, recherches transversales, intenses réflexions et ... mise à l'écrit des conclusions obtenues en partant pour ainsi dire de zéro. Je ne dis pas que j'ai mis le doigt sur d'extraordinaires révélations (même si les conclusions auxquelles j'arrive sont extrêmement surprenantes, pour le moins !) ni que j'avalise intégralement les travaux de Parks.

Je suis le premier d'ailleurs à m'interroger sur le bien-fondé des techniques sémantiques mises en œuvre dans ces essais et j'ai pleinement conscience qu'une volée de critiques assaisonnées accompagneront la sortie de ces livres. Je les accueillerai comme il se doit et comme j'ai accueilli le travail de l'auteur des *Chroniques* : avec recul, discernement et objectivité. Si tant est que les rapprochements réalisés ici soient qualifiés de farfelus et d'exagérés, j'en examinerai méticuleusement l'argumentaire critique. À bien des instants, j'ai douté de la réalité de ces convergences et des conclusions confortées par le syllabaire suméro-akkadien. Et bien des fois je me suis remis en selle grâce à un principe scientifique fondamental : celui nous imposant d'exclure le hasard quand un nombre suffisamment important d'éléments – que j'appellerai par provocation des "coïncidences" – viennent à se répéter comme autant de rappels à l'ordre.

***

Ces essais peuvent être lus comme un complément des travaux d'Anton Parks que ce dernier a développés dans sa série de livres appelée *Les Chroniques du Ğírkù* – quatre tomes à l'heure où j'écris ces lignes – ainsi que dans quatre essais.

L'auteur a tenté de démontrer dans ses sept ouvrages plusieurs choses :

- ➢ Une présence extranéenne sur la planète depuis des temps immémoriaux qui défient la mémoire humaine (se datant en millions d'années). Il est même avancé dans le tome 0 des *Chroniques du Ğírkù*[5] que les premiers humanoïdes intelligents de la Terre n'étaient pas les humains mais les Mušidim, "les faiseurs de vie", humanoïdes de type saurien. Ce serait donc nous, humains, les invités sur la planète.
- ➢ Une multitude de peuples extérieurs intervenants sur Terre avec en acteur principal une race particulière – les Mušidim-Gina'abul, GINA-AB-UL en sumérien litt. "Véritables ancêtres de la splendeur" - aux multiples embranchements : Anunna, Kingú, Ušumgal, Mušgir, Nungal/Igigi, Amašutum, Ama'argi, Imdugud, Mìmínu, Kingalam...[6]
- ➢ Les Gina'abul ont en partie créé l'espèce humaine telle qu'on la connaît aujourd'hui. Leurs prédécesseurs Mušidim auraient créé la vie sur Terre. Leurs activités ont commencé à être plus intenses autour du projet génétique qui aboutira à l'Homo

---

[5] Anton Parks, *Chroniques du Ğírkù tome 0, Le Livre de Nuréa,* Éd. Pahana Books, 2014.
[6] La majorité de ces noms sont des mots sumériens ou akkadiens. On les retrouve autant sur les tablettes d'argile de Sumer et d'Akkad que dans les lexiques en langues sumérienne et akkadienne. Les noms n'existant pas dans les corpus mythologiques d'ancienne Mésopotamie et avancés par l'auteur sont déchiffrables par l'assemblage de syllabes suméro-akkadiennes.

Sapiens vers -300 000 ans.
- Parmi les Gina'abul présents sur Terre depuis 300 000 ans se trouvent l'élite dirigeante patriarcale et plus particulièrement les créateurs des Anunna[7] et Nungal qui regroupés en assemblée formaient un groupe de onze individus.
- Ces individus et leurs troupes armées sont des rebelles à la Reine des Gina'abul et ont échoué sur Terre à la suite d'une guerre interstellaire et intestine.
- Ces onze individus, divinités ou dieux ont été assimilés par Anton Parks aux valeurs de l'Arbre des Sephiroth.[8]
- Cette assemblée divine a régné sur la planète pendant des millénaires. Le point névralgique du pouvoir ancien se situait dans la zone géographique qui deviendra plus tard Sumer.
- Suite à des divisions internes entre partisans du pouvoir patriarcal (Anunna,[9] Ušumgal,[10] Mušgir) et soutiens au culte de la Déesse-Mère (Nungal/Igigi, Amašutum, Ama'argi), le pouvoir s'éclata en deux centres : le pays de Kalam d'un côté et de l'autre Dilmun/A'amenptah/Amenti (Atlantide) et l'Égypte (que nous nommerons aussi le Double-Pays ou les Deux Terres). Ces dernières régions géographiques étant occupées par les partisans du culte de la Déesse-Mère.[11] Kalam désignait le "pays" en sumérien et faisait référence à Sumer. La prééminence de Kalam sur le reste du monde était parfaitement décrite dans les mythes :

"Enki le vénérable s'approchait du pays (Kalam),
Afin que, suite à cette visite du grand Prince,
L'opulence y prévalût partout !

---

[7] Les *fameux* Anunnaki, soit les Anunna du KI (litt. "la Terre" ou "le lieu" en sumérien).
[8] Anton Parks, *Chroniques du Ǧírkù tome 3, Le Réveil du Phénix*, Éd. Nouvelle Terre, 2010, voir pages centrales pour plus d'informations au sujet de cet "arbre" aux multiples symboliques.
[9] A(père)-NUN(prince)-NA(génitif) : "les princes du père" en sumérien. Ou "les princes de An", leur géniteur.
[10] Litt. "les grands dragons", conseil restreint de sept individus régnant sur le genre Gina'abul.
[11] Ces conflits sont largement détaillés par l'auteur à partir du tome 2 des *Chroniques du Ǧírkù, Ádam Genisiš*, Éd. Nouvelle Terre, 2007, ainsi que dans son troisième essai, *La Dernière Marche des dieux*, Éd. Pahana Books, 2013.

> *Il en arrêta donc le destin en ces termes :*
> *"Ô Sumer, grand pays, territoire infini,*
> *Enveloppé d'une lumière indéfectible,*
> *Dispensateur des Pouvoirs à tous les peuples,*
> *De l'Orient à l'Occident !*
> *Sublimes et inaccessibles sont tes Pouvoirs*
> *Et ton cœur est plein de mystère, insondable.*
> *Ton habileté inventive, qui peut enfanter même les dieux,*
> *Est aussi hors d'atteinte que le ciel''(...)''*[12]*"*

- Anton Parks a ainsi réussi à assimiler les divinités de Sumer, d'Akkad et de Babylone aux dieux de l'ancienne Égypte. Pour la simple et bonne raison qu'ils figurent des personnages ayant eu une réelle existence physique et une forte implication dans la vie des hommes.
- *Le Livre de Nuréa* détaillant les informations les plus récentes reçues par Parks, met en avant les souvenirs les plus anciens inscrits dans Ugur. Ils retracent notamment les anciens conflits Mušidim[13] au sein du système solaire, leurs voyages spatio-temporels dans la galaxie, leurs exploits scientifiques et leurs errances mais aussi le destin formidable de Barbélú qui deviendra l'archétype de la Grande-Déesse, de la Gaïa des anciens temps.

---

[12] Mythe sumérien *Enki et l'Ordre du Monde*, lignes 189-197.
[13] Du sumérien MUŠ(serpent)-IDIM(supérieur, puissant, distingué), litt. "serpent(s) puissant(s) ou distingué(s)".

REMERCIEMENTS

Je tiens à remercier ici toutes les personnes m'ayant motivé à démarrer cette recherche et surtout à persévérer après ces dizaines de mois durant (elles se reconnaîtront). Elles ont été mon moteur et ma motivation permanente.

Remerciements spéciaux à mon épouse pour sa patience infinie et son intime conviction que je devais finir ce à quoi je m'étais attelé dès 2012 ; sans véritablement que nous ne sachions à l'époque où cela allait pouvoir me mener. Je ne pourrai jamais assez la remercier pour sa tendresse, sa bienveillance et ses précieux conseils.

Je remercie également chaleureusement Nora et Anton Parks qui, malgré les épreuves qu'ils ont pu traverser, ont su se rendre disponibles pour un humble lecteur/chercheur comme moi. Je sais que la vie de sacrifice menée par Anton Parks est une gageure que je ne saurais moi-même assumer. Pour cela il mérite tout notre respect et notre admiration. J'ai pu véritablement comprendre l'ampleur et la densité de ses travaux lorsque j'ai moi-même mis le pied à l'étrier. C'est là que j'ai compris qu'il faut des années de recherches autodidactes pour estimer atteindre un tel niveau d'exigence et de précision.

Je tenais à remercier et à féliciter tous ces témoins du temps, des sciences et de l'évolution. Ces mythographes, ces savants, ces universitaires, ces traducteurs, ces illustres comme ces anonymes qui, par vocation ou par passion, ont (pour certains du moins) voué leur vie à livrer des connaissances à notre portée. Sans eux, ce livre, comme beaucoup d'autres, n'existerait pas. Merci à eux. Ils m'ont donné envie de les imiter.

Enfin, je vous remercie vous, lectrice(s) et lecteur(s) de tous horizons, vous qui avez donné une chance à cet ouvrage d'être lu par vous. J'espère qu'il vous fera voyager, vous interroger, méditer et surtout vous rendra plus curieux du monde qui nous entoure et de tous ses mystères ! J'attends impatiemment vos commentaires sur la toile ou par e-mail.

"Un présent sans passé n'a pas d'avenir."
Fernand Braudel.

"Le royaume du Père est comparable à une femme qui portait une cruche pleine de farine et marchait sur un long chemin. L'anse de la cruche se brisa, la farine se déversa derrière elle sur le chemin. Comme elle ne le savait pas, elle ne put s'en affliger. Rentrée à la maison, elle posa la cruche à terre : elle la trouva vide."
Livre de l'Évangile selon Thomas –
(Nag Hammadi II, 2) - Loggion 97.

"La mythologie a une permanence historique qui en fait la gardienne de notre histoire."
Julien D'Huy.

INTRODUCTION

Commençons par dire ce que ce livre n'est pas : une redite en tout ou partie des travaux de l'auteur des *Chroniques du Ğírkù* ; un catalogue de récits mythologiques – voir pour cela les ouvrages adéquats comme les références principales utilisées pour nos recherches, *Les Mythes Grecs*[14] de Robert Graves, *La Mythologie égyptienne*[15] de Mmes Guilhou et Peyré, *La Mythologie du Monde Celte*[16] de Claude Sterckx ou encore *Lorsque les dieux faisaient l'homme*[17] de Jean Bottéro – ; une analyse scientifique des informations fournies par Anton Parks ; un recueil de récits perçus par des sens non répertoriés par la Science (médiumnité, *channeling*, etc.). Comment donc définir cette série d'essais ? Nous dirons qu'il s'agit d'une étude de mythologie comparée (Grèce – Égypte – Mésopotamie – Anatolie, avec en fil rouge la mythologie grecque) en lien avec *Chroniques du Ğírkù*. Ce dernier corpus permettant la plupart du temps de donner sens à des récits et rituels sibyllins de l'Antiquité. L'assistance sémantique du langage protosumérien-Gina'abul permettra en outre un décodage plus profond de termes dont l'étymologie première est perdue à jamais.

Allons tout de suite à l'essentiel ! Nous allons développer dans nos essais les points suivants :

> Les Grecs anciens ont eu connaissance de l'implication des dieux (Gina'abul) dans la vie des hommes. Peut-être même que les ancêtres des Grecs ont eu affaire directement aux dieux foulant encore la terre à leur époque.

---

[14] Robert Graves, *Les Mythes grecs*, Éd. Le Livre de Poche, 2011.
[15] Nadine Guilhou et Janice Peyré, *La Mythologie Égyptienne*, Éd. Poche Marabout, 2014.
[16] Claude Sterckx, *La Mythologie du Monde Celte*, Éd. Poche Marabout, 2014.
[17] Jean Bottéro et Samuel N. Kramer, *Lorsque les dieux faisaient l'homme : Mythologie mésopotamienne*, Éd. Gallimard, 1989.

➤ Ils ont intégré les anciens dieux à leur propre mythologie en s'inspirant très largement voire exclusivement des mythologies voisines (Égypte – Mésopotamie – Anatolie).
➤ À l'époque de la rédaction de ces récits mythologiques, les histoires des anciens dieux avaient déjà été pour la plupart effacées de la mémoire collective. Seuls subsistaient certains détails correspondant aux caractères, fonctions, cultes et filiations des dieux. La tradition orale transmise par les migrations et invasions de toutes natures comblera les oublis permettant aux mythographes de s'en donner à cœur joie.
➤ Toutes les histoires ou presque ont donc été brodées via le filtre de l'univers conceptuel des Grecs de l'Antiquité. D'où le caractère édulcoré, orgiaque, fantastique, violent, belliciste des récits mythologiques. Nous verrons que les invasions indo-européennes ne sont pas étrangères à cela.
➤ Les principales divinités du panthéon grec sont les Olympiens, réunis en douze ou quatorze personnalités selon les époques et traditions. Nous verrons à notre tour, que nous pouvons :

A) Associer ces divinités aux principales déités égyptiennes et suméro-akkado-babyloniennes.
B) Reconstituer l'Arbre des Sephiroth – figurant l'assemblée divine antique – et ce, même avec les quatorze divinités principales du panthéon hellénique.

➤ De cette manière, nous allons prouver qu'il y a eu de nombreuses confusions de par l'extrême ancienneté des souvenirs arrivés tout de même jusqu'aux Grecs. Ce qui participe à : fusionner, scinder voire mélanger certains personnages de la très haute Antiquité (dieux ou demi-dieux).
➤ Nous noterons donc chez tous les dieux que nous allons analyser un caractère principal (considéré comme la nature première du dieu et son identité réelle) et caractère secondaire (considéré comme un ensemble de détails empruntés à une autre divinité et accolés à la première). Parfois un caractère tertiaire fera son apparition comme chez Zeus ou Athéna.
➤ Il arrivera que certaines divinités représentent des principes et/ou des groupes d'individus. Voire des astres.

➤ Nous extrapolerons au-delà des douze/quatorze divinités olympiennes et arriverons à des découvertes étonnantes. Chaque dieu grec étudié servant de point d'ancrage à une étude plus vaste du "champ divin" entourant celui-ci.

➤ Enfin, nous partirons du postulat qu'Anton Parks a "capté" des souvenirs en rapport avec des faits d'un lointain passé de l'humanité. Sans cela ces essais n'auraient véritablement aucune raison d'être !

***

Dans le premier chapitre, nous reviendrons sur le "contexte grec" qui est atypique dans l'histoire des civilisations, étant le socle commun de toutes les sociétés occidentales et ayant l'unique particularité d'avoir été en contact avec toutes les autres grandes civilisations de l'Antiquité hormis celles des Amériques – quoique ! Ce chapitre sera surtout l'occasion de discuter brièvement de la nature, du sens, de l'évolution et de la transmission du mythe ; mythe qui est aujourd'hui réduit à une définition ingrate et péjorative.

Dans le deuxième chapitre, nous évoquerons les cosmogonies (récits de la création de l'Univers) et théogonies (récits de la création des divinités) des régions du bassin méditerranéen et du croissant fertile, sans omettre de mettre en exergue les points de convergence pertinents qui semblent les unir. Le chapitre final de cet essai enchaînera sur les premiers conflits divins, ceux-ci intervenant, finalement, peu de temps après la création des dieux. Les mythes de la création et des destructions des hommes ne viendront que dans le tome 3 de *Quand les dieux foulaient la Terre* (*Les Témoins de l'Éternité*) qui sera suivi, avant une conclusion s'axant sur les preuves anthropologiques et archéologiques (avec une étude rapide de la civilisation mégalithique) de l'action des dieux sur le monde des mortels, d'un chapitre traitant des héros et du legs laissé par les demi-dieux à la royauté humaine.

Nous arrivons naturellement au tome le plus important et imposant de cette série d'essais – le tome 2 (*Les Douze Dieux de l'Olympe*) –, celui traitant bien entendu des divinités olympiennes.

Nous commencerons par analyser les noms, fonctions, filiations, récits des principales divinités du panthéon grec avant de les comparer avec leurs homologues des régions voisines. Nous nous éloignerons parfois allègrement de ces zones géographiques pour nous rendre en Amérique ou en Asie du Sud-est, notamment. Ces divinités olympiennes sont les divinités grecques qui, selon la mythologie, résident sur le mont Olympe. Elles engendrent d'autres divinités voire des demi-dieux ou héros en s'unissant avec des mortels. Il n'est pas rare de les voir "descendre" sur Terre afin d'assister ou de punir les hommes.

Traditionnellement, le canon olympien est limité à douze déités, six dieux et six déesses. La liste de ces divinités a cependant varié selon les époques, et en compte en tout quatorze différentes. Zeus, Héra, Poséidon, Arès, Hermès, Héphaïstos, Athéna, Apollon et Artémis sont toujours comptés parmi les douze. Ils sont complétés par Hestia, Déméter, Aphrodite, Dionysos et Hadès, dont la présence est variable.

Homère, entre autres au chant I de l'*Iliade*, fait allusion à un langage des dieux différent de celui des mortels, quand il explique que l'Hécatonchire (dieu géant à cent bras, fils de Gaïa) Briarée s'appelle Égéon dans la langue des dieux.[18]

Il est déjà intéressant de noter que selon Homère, donc, les dieux parlent une langue à eux, différente de celle des hommes. De plus, dans l'*Odyssée*, concernant Calypso et Circé (deux amantes surnaturelles du héros de l'épopée dont nous étudierons la nature dans le tome 3), Ulysse précise, quand il les évoque qu'il s'agit de déesses "*à voix humaine*" ou encore "*à voix de femme*".[19] Cette information qu'Homère prend la peine de donner semble indiquer que la voix humaine ne va pas de soi chez les dieux et qu'ils s'expriment entre eux dans un autre langage, sans doute inaudible et incompréhensible aux hommes. On peut constater, en outre, que dès lors que les dieux entrent en communication avec les hommes ils revêtent une forme humaine. En conséquence, la langue des

---

[18] Homère, *Iliade*, chant I, 401-406.
[19] Homère, *Odyssée*, chants XII, v. 150 ; XII, v. 449.

dieux semble bien être une langue à part.

Nous pouvons également relever que le philosophe grec Épicure (IIIe siècle av. J.-C.) avait déclaré dans son célèbre *Tetrapharmakon* que les dieux étaient divers et multiples mais aussi matériels et qu'ils n'étaient pas à craindre - sous-entendu qu'ils étaient fait de chairs et donc vulnérables. Ces dieux vivraient selon le philosophe dans des "intermondes" inaccessibles aux hommes.[20]

Comme vous le savez sans doute déjà, Anton Parks s'est notamment fait connaître grâce à cette méthode, maintenant connue et très largement développée dans ses ouvrages, de décomposition de mots d'anciens langages de toute la planète (à l'origine de nos langues modernes : latin, grec, égyptien, arabe, chinois, hébreux, etc.) grâce aux valeurs phonétiques des syllabaires sumériens et akkadiens (langage matrice ou protolangage de tous les peuples de la planète, parce qu'inculqué – et parlé – par nos anciens dieux créateurs). Cette méthode permet, par le jeu de l'homophonie de certaines particules/syllabes, et par la contextualisation des mots/termes utilisés de décrypter le(s) véritable(s) sens encodé(s) dans le texte (après avoir traduit littéralement celui-ci). Et de constater le lien entre l'aspect littéral et les(s) message(s) codé(s). Cet outil a une valeur inestimable et nous offre la chance de décrypter les messages codés dès l'origine dans nos différents langages. Nous ne nous en priverons pas, comme vous l'avez déjà compris. Très récemment, une étude internationale a découvert que dans deux tiers des 6000 langues parlées de nos jours dans le monde, l'on retrouvait des sonorités similaires pour désigner les mots du quotidien – à tel point que se pose sérieusement la question d'une langue originelle. Petit à petit les arguments d'Anton Parks sont validés par diverses découvertes scientifiques, dont la linguistique.[21] Nous en évoquerons d'autres dans cet essai et les

---

[20] *Lettre à Ménécée*, 123 : "*Car les dieux existent : évidente est la connaissance que nous avons d'eux.*"
[21] https://www.franceculture.fr/sciences-du-langage/les-langues-presenteraient-de-nombreux-sons-en-commun-une-revolution-dans-la

deux autres tomes à venir.

Notre méthode de travail n'est pas étrangère des historiens et mythologues d'aujourd'hui ; prenons cette citation de Francisco Javier González García issue de l'ouvrage collectif *Mythes et fictions ;* l'essayiste y défend l'idée selon laquelle la déesse Hestia est bien plus que la personnification du foyer : *"Face à l'absence de mythes que nous observons dans le cas d'Hestia, il est nécessaire <u>avant tout de partir du sens de son nom</u>. Ce choix initial peut sembler, à première vue, un retour vers des théories vieillies dans le cadre de l'étude de la mythologie, telles que les positions soutenues au XIXe siècle par Max Müller, qui défendait la suprématie de l'analyse linguistique et étymologique comme méthode pour comprendre le sens authentique de la mythologie antique et, à travers elle, de la religion. Aujourd'hui nous sommes tout à fait conscients du <u>rapport étroit existant entre le langage et la pensée mythique</u>, mais personne n'explique plus, comme le faisait Müller, l'origine et la formation des mythes comme une "maladie du langage" dérivée de l'incompréhension des noms antiques des choses. En réalité, le point de vue défendu ici a peu à voir avec des approches semblables à celles de Müller. En revanche, il est plus proche d'autres perspectives, anciennes aussi, comme celle d'A. Meillet, linguiste travaillant dans le domaine de la sociologie française, qui affirmait qu'<u>on comprend beaucoup mieux les mots si on les met en rapport avec des faits sociaux concrets</u> qui rendent compte de besoins ou d'aspects fondamentaux de la vie des personnes dans des contextes historiques précis. Ainsi, <u>l'étude étymologique d'un terme, dans ce cas précis d'un théonyme, et la compréhension de sa signification permettent d'approcher le sens que ce terme a dans certains contextes</u>..."*[22]

Nous allons donc procéder, comme Anton Parks, à la décomposition de la plupart des noms des dieux grecs – en remontant à l'étymologie la plus ancienne du mot/nom en grec ancien – pour sinon prouver définitivement l'identité de la déité concernée ou du moins finir d'asseoir une supposition déjà bien

---

[22] Francisco Javier González García, *Hestia chez Homère : foyer ou déesse ?*, in *Mythes et fiction* (collectif d'auteurs), Éd. PU Paris Ouest, 2010, pp. 368-382.

avancée. Certains termes ne se seront pas décodables tels quels avec le langage matrice (que nous appellerons aléatoirement suméro-akkadien ou protosumérien ou Emeša) impliquant une création plus récente du mot/nom voire une construction bâtie sur un mélange de grec ancien et d'une langue étrangère (comme l'Égyptien ou les langages préhelléniques ou certains idiomes d'Anatolie). Nous verrons également que l'égyptien tient un rôle important dans la composition phonétique de certains noms grecs.

Une étude de la symbolique sera également mise en œuvre en parallèle des analyses sémantiques et autres décodages. Elle complétera à merveille ce que nous supposerons de la pensée antique.

***

Retrouvez ci-après le tableau résumant l'origine des langages parlés et inculqués par les anciens dieux :

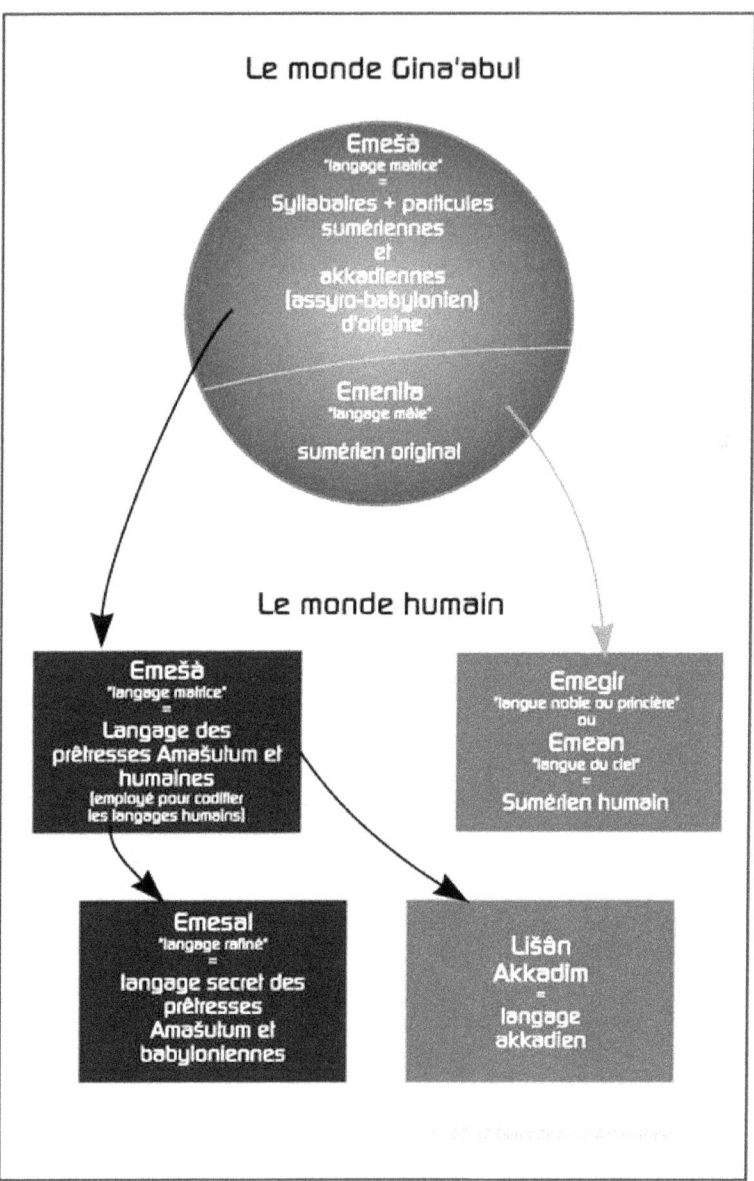

Source : Anton et Nora Parks.

CHAPITRE I

RÉTROSPECTIVES & DÉVELOPPEMENTS

1 -De la Grèce Antique...

Ce que l'on connaît de la Grèce Antique n'est pas né du jour au lendemain mais le résultat de siècles de vagues migratoires, de conflits, d'expansions territoriales et donc d'intenses mélanges culturels. Les Grecs ne sont pas non plus un peuple uni et cohérent, bien qu'ils se donnassent l'illusion de l'être par la langue et les mythes qu'ils partageaient. La Grèce s'est bâtie autour de cités-États aux intérêts, aux lois et aux cultures disparates. Ceci s'expliquant par la topologie géographique de la région ; 80% du territoire de la Grèce étant composé de montagnes. Cela rendait les communications difficiles et explique, durant l'Antiquité la présence d'une multitude de petits royaumes ou de cités organisées en petits États indépendants souvent rivaux (comme Athènes et Sparte). L'histoire de la Grèce comme celle de tous les pays du Vieux Continent se découpe en plusieurs périodes : celles qui nous intéressent ne sont pas les plus anciennes. L'on considérera que les informations issues de la religion grecque sont pertinentes jusqu'à la fin de la période dite hellénistique ; soit la conquête de la Grèce par les Romains. Schématiquement, l'histoire et la protohistoire de la Grèce, ainsi que celles de ses civilisations voisines, peuvent se résumer ainsi :[23]

---

[23] Retrouvez sur http://nasura.net toutes nos illustrations originales en haute qualité.

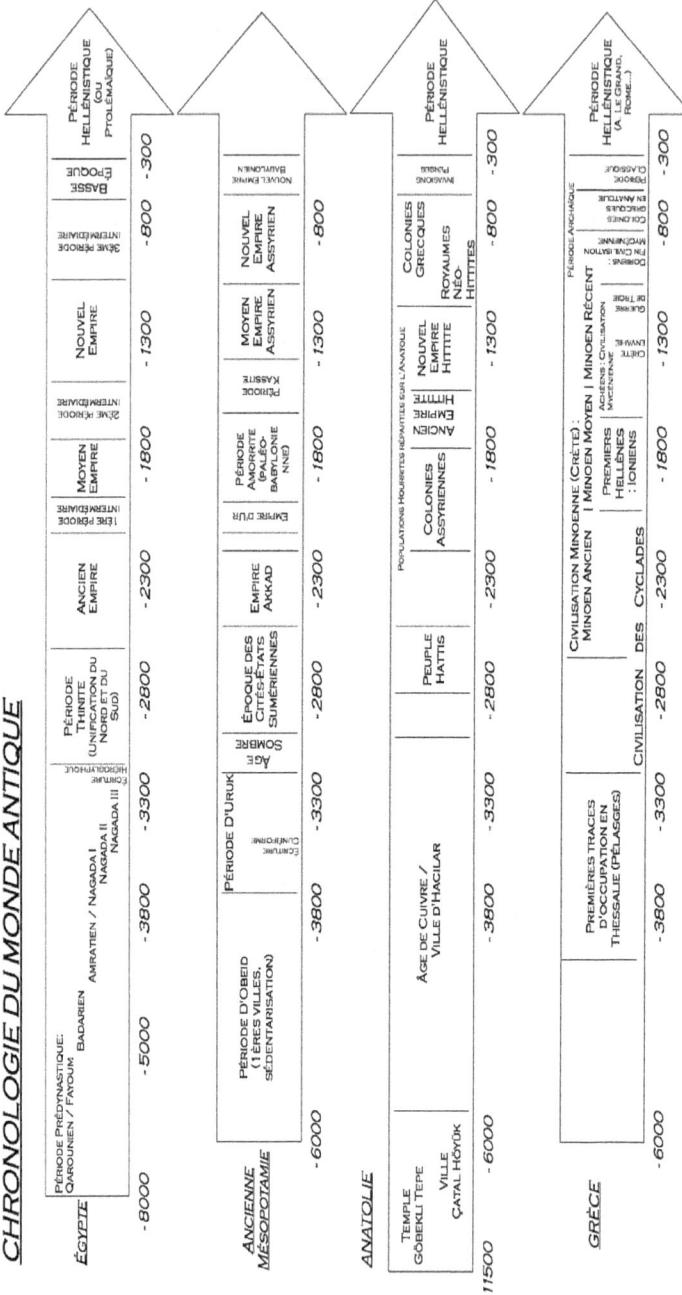

Aux alentours de 3000 av. J.-C. (à l'âge de Bronze), commence la civilisation crétoise, ou des Cyclades, qui sera remplacée par celle des Minoens (tirée de Minos célèbre roi légendaire de la Crète) puis enfin par la civilisation mycénienne vers 1550 av. J.-C. Cette période de −3000 à −1550 correspond à la préhistoire grecque. Nous n'avons que des informations fragmentaires à son sujet. Notons qu'il est admis que jusqu'à cette époque un culte consacré à une déesse unique était en vigueur. Il n'est d'ailleurs plus contredit que durant près de 25 000 ans, les premiers Européens ont voué un culte à ce symbole de Nature et source de vie ; la Grande-Déesse-Mère qui fait naître les enfants et pousser les plantes. Les premières vagues indo-européennes de guerriers semi-nomades, éleveurs de chevaux, ont déferlé sur le Vieux Continent aux alentours du Ve millénaire av. J.-C. – d'abord sur les bords de la Volga avant de se répandre sur tout le reste de l'Europe. Ils imposèrent leur langue, leur pouvoir... et leurs dieux : masculins, violents, autoritaires.[24] Reléguant petit à petit la Déesse du matriarcat primitif à une figure de second plan. Nous verrons cependant que chez les Grecs de l'Antiquité, le compromis entre anciennes et nouvelles croyances fut de rigueur.

C'est aux alentours de 1200 av. J.-C. – période dite des siècles sombres et marquée par la légendaire guerre de Troie[25] – que les chroniqueurs, historiens, prosateurs et poètes commenceront à conter les mythes et légendes de leur peuple. C'est à partir de là que nous commencerons à piocher dans les récits politico-religieux d'Homère ou d'Hésiode (les mythographes grecs les plus fameux). Nous éviterons (espérons-le !) de sombrer dans les affabulations appauvrissantes ajoutées par des Grecs, ne comprenant plus le sens originel du mythe, en raison de l'usure des siècles. La civilisation des Cyclades, socle de la future Grèce classique, avait établi depuis longtemps des relations commerciales avec les Égyptiens.[26]

---

[24] Marija Gimbutas, *Le langage de la Déesse*, Éd. Des femmes/Antoinette Fouque, 2005.
[25] Une guerre de Troie qui ne s'est peut-être finalement jamais déroulée à l'époque et au lieu qui sont présentés de nos jours comme son cadre théâtral ; nous en rediscuterons dans le tome 3.
[26] Nous avons eu la preuve il y a peu que le commerce antique avait une portée plus

L'influence égyptienne débuta sans doute dès les premiers échanges, se propageant de façon diffuse dans les futurs cultes rendus sur l'ensemble du monde grec. De la même façon, les Grecs seront inspirés des rites et dieux assyriens ; les deux peuples se croisant à un incroyable carrefour multiculturel, l'Anatolie. Les Assyriens auraient même constitué, selon certains chercheurs, une partie du peuple de la civilisation crétoise post-néolithique. Toujours est-il qu'au tournant des siècles sombres, les poètes et mythographes (rédacteurs des mythes) rapportaient certainement des événements qui leurs étaient non seulement contemporains, mais aussi – comme chez de nombreuses cultures tribales – des récits transmis par tradition orale depuis des siècles voire des millénaires (nous reviendrons sur cette hypothèse au sous-chapitre 3). Parmi ces histoires devaient sans aucun doute figurer les légendes des premiers habitants de la Grèce, appelés Pélasges dans les mythes des diverses traditions et censés être présents sur les futurs territoires de langue grecque depuis des temps immémoriaux.

---

importante que ce que nous pensions jusqu'alors. L'analyse récente (fin 2014) de pierres précieuses contenues dans la tombe d'un guerrier danois de l'âge de Bronze a montré la présence de matériaux en provenance de Nippur (ancienne Mésopotamie) et d'Amarna (Égypte). Certains scientifiques suggèrent qu'il ait pu exister une antique route de l'Ambre reliant les contrées de la mer Baltique et les civilisations du croissant fertile. Source : http://www.archaeology.org/news/2771-141211-denmark-egypt-glass.

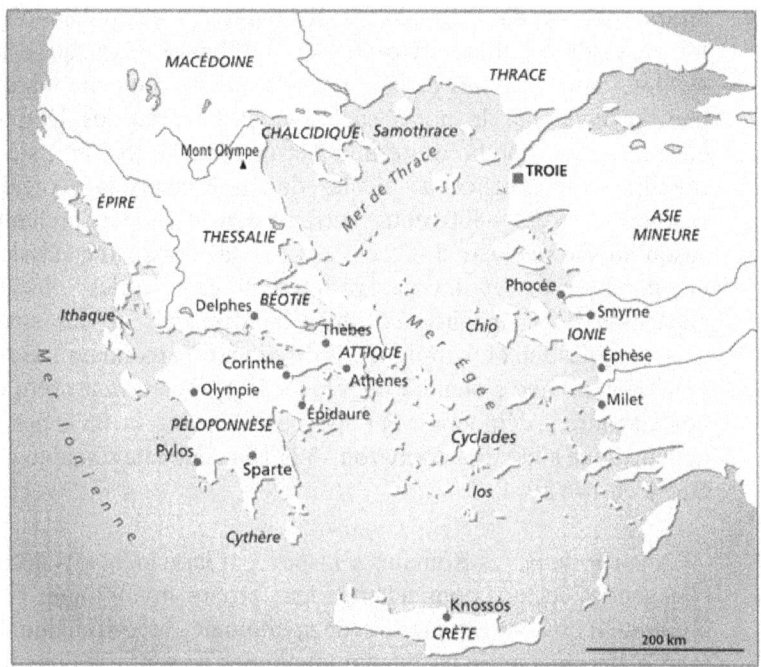

Carte non exhaustive des cités et régions de la Grèce antique à l'époque mycénienne (source : Larousse.fr). Retrouvez ici une carte interactive présentant l'évolution de la Grèce par les différentes migrations qu'elle a connues au cours de sa longue histoire :
http://www.histoirealacarte.com/demos/tome09/1_monde_grec_antique.php

Nous noterons tout au long de notre étude des similitudes frappantes entre les mythes de la Grèce antique et ceux des foyers civilisationnels majeurs les plus proches d'elle : l'Égypte, l'Anatolie et Sumer-Akkad-Babylone. Ce sera d'ailleurs là notre principal angle d'approche.

Reprenons… entre –3000 et –2000, la civilisation dominante est la civilisation cycladique remplacée petit à petit par celle des Minoens (sociétés toutes deux matriarcales). Entre 1900 et 1500 av. J.-C., la Grèce est envahie par les Achéens – premiers envahisseurs indo-européens à imposer le patriarcat, les vagues ioniennes et éoliennes avant eux s'étant converties au culte de la

Grande-Déesse des Pélasges[27] – qui bâtiront leur civilisation sur les ruines de la culture crétoise. Vers 1500 av. J.-C. jusqu'à 1200 av. J.-C. nous sommes dans la période dite mycénienne marquée par l'arrivée (par le nord) sur le territoire grec des Doriens ; engendrant de nombreux troubles et ouvrant la voie aux siècles obscurs. Une poignée de siècles durant lesquels la société se réorganise. Vers –800 nous entrons dans l'époque archaïque. Jusqu'au VIe siècle av. J.-C., et l'essor de la période dite classique, de nombreuses évolutions résulteront des siècles obscurs : apparition de l'alphabet, construction des cités et des stades, naissance des Jeux Olympiques, utilisation de la monnaie...etc. La période classique s'étendra du VIe au IVe siècle avant notre ère, voyant naître la démocratie et l'apogée d'Athènes. Enfin la période hellénistique s'étendra d'environ –323 à la conquête romaine de la Grèce en 146 av. J.-C.

À partir de là, les Romains s'inspireront largement des mythes et légendes locaux pour adapter leur propre mythologie. C'est pourquoi il est souvent question de mythologie gréco-romaine. Les rapprochements entre les deux mythologies ne sont pas dus qu'au contact d'avec les Grecs. Il existait en Italie une riche mythologie qui provenait des Étrusques, peuple mystérieux dont les origines ont longtemps fait débat. De récentes analyses ADN les font provenir d'Anatolie,[28] donnant ainsi raison aux écrits d'Hérodote.[29] Il n'est donc pas anormal de retrouver des dieux quasiment similaires en Étrurie et en Grèce antique. Les syncrétismes gréco-romains s'en trouvèrent d'autant plus évidents. Vous l'aurez compris ce qui nous intéresse ici ce sont les récits des

---

[27] Les Ioniens et Éoliens abandonnèrent leurs mœurs patriarcales pour épouser la société matrilinéaire en place. Ils devinrent des Grecs, des *Graicoi*, soit des "adorateurs de la déesse grise ou Vieille Femme" en grec ancien. Les Achéens, puis les Doriens après eux, se firent appeler Héllènes, en mémoire de leur ancêtre commun mythique Hellen, forme masculine de la déesse-Lune Hellé ou Hélène. Le changement sociétal intervenait à tous niveaux, même celui de la sémantique et de la dialectique.

[28] L'Anatolie, région couvrant approximativement l'actuelle Turquie, a été habitée par de nombreux peuples ce qui en fit une zone très riche culturellement et un trait d'union certain entre les sociétés étrusque/grecque et assyrienne. C'est la région précise où l'on a découvert, outre les plus vieilles habitations du monde, le plus ancien lieu de culte jamais bâti par l'homme : Göbekli Tepe.

[29] https://www.ncbi.nlm.nih.gov/pmc/articles/PMC1181945/

historiens et chroniqueurs des périodes archaïque, classique et hellénistique (périodes qui composent l'histoire de la Grèce antique). Des informations parfois pertinentes émergeront des chroniqueurs de l'époque romaine comme Ovide ; nous les évoquerons à l'occasion. La période hellénistique[30] verra l'émergence d'Alexandre Le Grand (le Macédonien), fait d'une importance majeure. Celui-ci étendra en effet l'empire grec jusqu'en Afrique du Nord, en Asie du Sud-ouest et jusqu'en Asie Mineure (Inde). Il a même récemment été mis en évidence que l'armée de soldats en terre cuite du mausolée de l'empereur chinois Qin Shi Huangdi (IIIe siècle av. J.-C.) avait été inspirée par l'art grec.[31] Et ce, certainement lors de contacts avec les armées du conquérant macédonien, supposant qu'Alexandre parvint jusqu'en Chine et que la culture grecque se transmettait comme la grippe ! Mieux, de l'ADN européen aurait été très récemment (octobre 2016) retrouvé sur les lieux de sculpture des fameuses statues amenant des archéologues chinois à affirmer que des artistes grecs seraient venus en Chine pour former les sculpteurs locaux.[32]

La culture et la langue grecques imprégneront ainsi de nombreuses autres civilisations de l'époque. Le legs aura certainement été réciproque : les Grecs ont à l'évidence importé des éléments culturels et linguistiques des populations soumises à la puissance hellénistique. La Grèce antique couvrira toutes les régions où le grec était la langue parlée : péninsule grecque, Chypre, Crète, Thrace, Tauride, une partie de l'Italie et de l'Espagne, le sud de la Gaule, une bonne partie de l'Égypte. Il est à noter que la cité-État d'Athènes nous fournira la grande majorité des historiens et mythographes constituant les récits parvenus jusqu'à nous. De par le découpage géopolitique de l'époque, cela explique pourquoi la quantité d'informations sur la sphère athénienne est inversement proportionnelle à celle concernant les cités de Thèbes, d'Argos ou de Sparte par exemple. Il est

---

[30] Le terme *Hellènes* d'où proviennent les adjectifs *hellénique* et *hellénistique* ne s'appliquait qu'aux habitants de la zone centrale de Grèce. Soit le lieu de résidence des descendants des Achéens et des Doriens.
[31] http://www.livescience.com/41828-terracotta-warriors-inspired-by-greek-art.html
[32] http://www.huffingtonpost.fr/2016/10/14/fameuse-armee-de-terre-cuite-chinoise-inspiree-grecs/

intéressant de se souvenir que l'époque hellénistique marque le retour de la monarchie après une brève tentative – au regard de l'histoire – d'imposer une démocratie au summum du pouvoir athénien. Cette démocratie athénienne ayant remplacé avant cela un pouvoir déjà autocratique...

***

D'où venaient les premiers Grecs, les fameux Pélasges (Πελασγοί /Pelasgoí en grec ancien) ? Ceux dont on parle présentement ne doivent pas être confondus avec les "peuples de la mer" – nommés également Pélasges –, coalition de tribus pirates ayant tenté d'envahir différents pays du Moyen-Orient et d'Afrique du Nord à la fin du XIIIe siècle et au début du XIIe siècle av. J.-C. Ils ont participé à la chute de l'Empire hittite en Anatolie, mais échoué à nuire sévèrement à l'Égypte. Hérodote nous informa que le premier nom de la Grèce fut Pélasgie[33] (Πελασγία) du nom de Pélasgos, le premier homme à fouler la terre d'Arcadie selon Pausanias ;[34] il devint le premier roi de la région et on le donnait pour fils de Zeus. Certains monuments anciens de Grèce sont qualifiés de "pélasgiques" lorsqu'on se réfère à leur caractère cyclopéen. Les Pélasges formaient-ils une société unifiée par une même langue et une même culture ? Aucune source ne peut le confirmer. L'on pourra supposer qu'ils sont cousins des édificateurs de la civilisation mégalithique d'Europe de l'Ouest. Ce dont nous sommes certains en revanche, c'est qu'ils ont été envahis par des groupes semi-nomades indo-européens migrant du Sud de la péninsule balkanique en plusieurs vagues de peuplement commençant vers la fin du IIIe millénaire av. J.-C. ; l'invasion dorienne en représentant la dernière salve. Les Pélasges proviennent-ils d'Anatolie ? Des affinités linguistiques existent bien entre le préhellénique A (langues parlées avant le grec ancien) et le langage hittite mais la présence de substrat de langues anatoliennes dans le préhellénique A ne démontrerait qu'une influence tardive. L'émergence du royaume hittite ne s'étant produit que durant la seconde moitié de l'époque minoenne. Les Crétois, et la civilisation des Cyclades avant eux, ont donc plus de

---

[33] Hérodote, *Histoires*, 7.95.
[34] Pausanias, *Description de la Grèce*, VIII, 1, 4-6.

raison d'avoir influencé le peuple hittite que l'inverse. À moins que les deux groupes linguistiques n'aient des origines communes ? Des idiomes préhelléniques que l'on qualifiera de Pélasges se retrouvèrent dans le grec ancien, lui-même bâti sur les idiomes apportés par les envahisseurs achéens, ioniens puis doriens. Certains mots, certains radicaux, certaines racines des langues indo-européennes sonnent à l'oreille comme du sumérien. Voyez-vous où nous voulons en venir ?

Les Pélasges, selon certains chercheurs, seraient issus de la culture de Vinča (nom de la ville serbe donnant sa dénomination à la culture éponyme). Culture s'inscrivant dans la civilisation "danubienne" dite aussi de l'Europe ancienne ou vieille Europe (7000 ans à 3300 ans av. J.-C.) ayant prospéré dans les Balkans et le long des rives du Danube. Aucun élément historique ou linguistique concret ne confirme non plus ces allégations. Mais le scénario d'une migration ou d'une influence culturelle des Balkans vers la Thessalie vers le IVe millénaire av. J.-C. est possible.

Enfin, l'origine des Pélasges est peut-être à rechercher plus loin : ils seraient les cousins du peuple d'Akan (population habitant le sud-est de la Côte d'Ivoire). Ces derniers et les peuples préhelléniques étant selon ce scénario des émigrants libyo-berbères provenant des oasis du Sahara.[35] Cette troublante proposition est appuyée par plusieurs faits à commencer par des cultes quasiment identiques liés aux rois sacrés solaires et aux reines-mères lunaires tant chez les Akans que chez les Pélasges. Nous y reviendrons. Au-delà des aspects rituels, ce sont surtout les affinités artistiques que partageaient les cultures préhelléniques et celles qui vivaient dans des régions appartenant aujourd'hui à l'Afrique noire. Parmi les artefacts analogues les plus marquants se trouvent des statuettes d'argile façonnées par les autochtones dans la région du Delta du Niger figurant des "déesses aux serpents" typiques de celles déterrées à Cnossos[36] ou encore un masque funéraire en or du roi Ashanti[37] (Ghana) Kofi Karikari de

---

[35] Robert Graves, op. cit., pp. 36-38.
[36] L. Segy, *The symbolism of the snake in Africa*, Arch. Für Völkerkunde, IX, Vienne, 1954.
[37] Peuple dont la tradition séculaire du travail du plus précieux des métaux n'est

même facture que celui dit d'Agamemnon retrouvé à Mycènes,[38] les deux ressemblant à s'y méprendre au masque d'or du quatrième fils de Ramsès II, le prince égyptien Khâemouaset. D'autres cultures se situant à l'autre bout de la planète partagent cette coutume du masque d'or funéraire ; nous pensons évidemment aux cultures Incas et préIncas. La culture mère des civilisations andines est la culture dite Chavín (-1200 à -200) à laquelle succédera notamment la culture Mochica (100 à 700 ap. J.-C.), laquelle orna le visage de l'un de ses souverains d'un masque funéraire doré composé de cuivre et de coquillages.[39] Nous pouvons supputer que cette pratique fut ensuite transmise aux futurs Incas après qu'elle eut été empruntée à la culture Chavín, laquelle était contemporaine de l'Égypte de la Basse époque. Nous étudierons sérieusement dans les deux tomes qui suivront les analogies entre cultures précolombiennes et africano-orientales – voire européennes ? – pour en conclure à d'évidents contacts répétés entre elles.

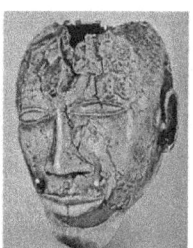

Masques funéraires en or, de gauche à droite : le prince égyptien Khâemouaset (Musée du Louvre, photo d'Erich Lessing, XIIIe siècle av. J.-C.), le légendaire roi achéen Agamemnon (Musée archéologique d'Athènes, art mycénien du XVIe siècle av. J.-C.) et le roi du peuple Ashanti, Kofî Karikari (Wallace Collection, Londres). Il y a eu à l'évidence une véritable transmission artistique entre le Ghana et la Crète en passant par l'Égypte durant la protohistoire. Cette tradition des masques funéraires se retrouve jusqu'aux cultures précolombiennes.

Depuis plus d'un demi-siècle, nous sommes au fait de contacts entre populations africaines et populations eurasiennes. H. Labouret écrivait déjà en 1946 que : "*...des populations de race noire, répandues dans une grande partie de la Berbérie* (NDA :

---

plus à prouver.
[38] Ch. Ratton, *L'or fétiche*, Présence africaine, n°10-11, 1951.
[39] http://www.maxisciences.com/arch%E9ologie/masque-mortuaire-du-seigneur-d-ucupe-culture-moche-perou_pic9942.html

Désert du Sahara), *se trouvèrent en contact pendant des millénaires avec des hommes de race blanche, bénéficiant ainsi d'une manière indirecte de la civilisation méditerranéenne, alors au début de son essor.*"[40]

Là encore, l'emprunt est flagrant. Vous reconnaissez certainement à gauche la classique Déesse-aux-serpents de Cnossos (Musée de l'Héraklion, Crète, XVIIe av. J.-C.), antique capitale de la Crète. Comparez-la avec cette statuette en argile du peuple Ibibio retrouvée dans la région du Delta du Niger. La ressemblance est frappante et témoigne de contacts culturels entre l'Europe et l'Afrique noire depuis l'Antiquité. Cette figure renvoie à un symbole plus ancien encore, celui de la "Maîtresse des Animaux" qui, à l'instar d'autres symboles comme l'Axe du Monde (pilier, arbre, mont), la spirale ou encore le svastika semblent omniprésents sur le globe ; ce qui leur donne non seulement un archaïsme indiscutable, mais encore une source de diffusion originaire unique.

Dans le discours de l'époque, l'apport culturel était bien évidemment unidirectionnel. Nous devons aujourd'hui supposer non seulement que l'influence culturelle devait être réciproque, mais aussi que l'élan civilisationnel d'origine pouvait venir d'ailleurs...

Aucune religion n'est une création ex nihilo. Aucun contenu théologique ne fait disparaître le passé, mais se façonne par récupération, fusion, renouvellement des éléments fondamentaux antérieurs. L'influence extérieure majoritaire aux civilisations du bassin méditerranéen ne proviendrait-elle pas du Moyen-Orient, de Sumer là où "l'Histoire a commencé" selon le sumérologue Samuel Noah Kramer ?Cependant, les dernières recherches dans le domaine de la linguistique démontrent non seulement que

---

[40] H. Labouret, *Histoire des Noirs d'Afrique*, Éd. P.U.F, 1946, page 11.

l'écriture hiéroglyphique ne serait pas dérivée des premiers idéogrammes mésopotamiens comme on le pensait jusque là – les deux systèmes d'écriture étant nés quasiment simultanément – mais également que les hiéroglyphes seraient peut-être plus anciens que l'écriture cunéiforme ![41] Comme nous le verrons (dans le dossier *Déméter* du tome 3) les systèmes d'écriture sont devenus nécessaires pour la gestion des ressources alimentaires des premiers fermiers-agriculteurs.

***

L'une des branches les plus récentes de la génétique, concernant les haplogroupes, permet de retracer l'histoire génétique et la migration des membres de la famille Homo Sapiens. Je reprends ici la définition Wikipédia des haplogroupes : "*dans l'étude de l'évolution moléculaire, un haplogroupe est un grand groupe d'haplotypes, qui sont des séries d'allèles situés à des sites spécifiques dans un chromosome. Pour la génétique humaine, les haplogroupes qu'on étudie généralement sont des haplogroupes du chromosome Y (ADN-Y) et des haplogroupes de l'ADN mitochondrial (ADN mt). On peut employer les deux pour définir les populations génétiques. L'ADN-Y suit seulement la lignée patrilinéaire, alors que l'ADN mt suit seulement la lignée matrilinéaire. Les hommes disposent des deux types de marqueurs génétiques (ADN mitochondrial de la mère et chromosome Y du père) ; les femmes possèdent uniquement un seul type : l'ADN mitochondrial de la mère.*"[42] L'on pourrait résumer en disant que les haplogroupes sont des catégories d'êtres humains déclinées en une série de groupes généalogiques descendant d'un ancêtre commun à un moment de la préhistoire.

Tous les êtres humains d'aujourd'hui descendraient donc d'une seule et même lignée patriarcale et matriarcale. Notre plus récent ancêtre commun masculin est l'Adam Y chromosomique et la féminine est appelée Ève mitochondriale. Les deux, originaires

---

[41] Chris Reintges & Alain Kihm, *L'égyptien ancien : 6000 ans d'histoire*, Dossier pour la Science, *L'Égypte à la croisée des Mondes*, Dossier n°80, Juillet-Septembre 2013, page 90.
[42] https://fr.wikipedia.org/wiki/Haplogroupe

bien entendu d'Afrique, y auraient vécu respectivement il y a 60 000 et 150 000 ans. Le chromosome Y de l'Adam Y chromosomique s'est transmis à ses descendants mâles. Il est inévitable que certains de ces chromosomes aient subi une mutation. Cette mutation définit alors une nouvelle branche à laquelle on peut associer un nouvel ancêtre commun. Si le chromosome Y d'un des descendants de cette branche subit une nouvelle mutation, cela crée une nouvelle sous-branche et ainsi de suite. On peut ainsi définir un "arbre de la filiation paternelle" de l'humanité. Ci-après une carte montrant les migrations de l'homme depuis sa sortie d'Afrique selon les études, cette fois, sur l'ADN mitochondrial (donc la filiation maternelle) :

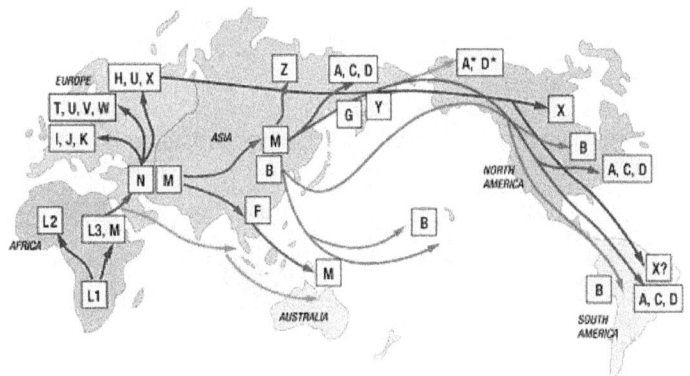

Migrations humaines selon les études les plus récentes sur l'ADN mitochondrial.

Ce qui saute aux yeux d'une part c'est que l'on pourrait pratiquement superposer cette carte et l'illustration page 75 montrant les zones d'évolution des mythes. Cela doit-il nous surprendre ? Certainement pas : les mythes évoluèrent à chaque apparition d'un nouvel ancêtre commun mitochondrial ; il est ainsi validé que c'est au travers d'une séparation prolongée de deux populations humaines, à l'origine identiques, que se produisent simultanément ces changements biologiques et socioculturels. Ensuite il faut constater que le couloir de l'Asie Mineure est inévitable. Les Homo Sapiens sortis d'Afrique ont séjourné longuement dans cette région avant de se séparer en plusieurs groupes dont certains émigrèrent vers l'Europe et d'autre vers l'Asie centrale, ouvrant la voie aux migrations vers le continent américain. Sapiens est parfois même retourné sur le continent africain après avoir séjourné en Asie et en Europe. Certaines populations locales en attestent par leur phénotype et leurs haplogroupes comme les Berbères.

Le développement du mode de vie néolithique (avènement de l'agriculture et de l'élevage) serait apparu dans les zones du Levant ou Est-anatolienne il y a environ 12 000 ans sous l'impulsion de plusieurs haplogroupes (ADN-Y) dont E1b1b (d'origine nord-africaine), J2a (Sémites) et surtout G2a (premiers Sapiens à avoir acquis les allèles pour peau claire)[43] – dont nous reparlerons dans le tome 3. La pratique de l'agriculture aurait ensuite accompagné les migrations des souches G2a, J2a et E1b1b depuis le Proche-Orient vers l'Europe via les Balkans selon le schéma de propagation suivant :[44]

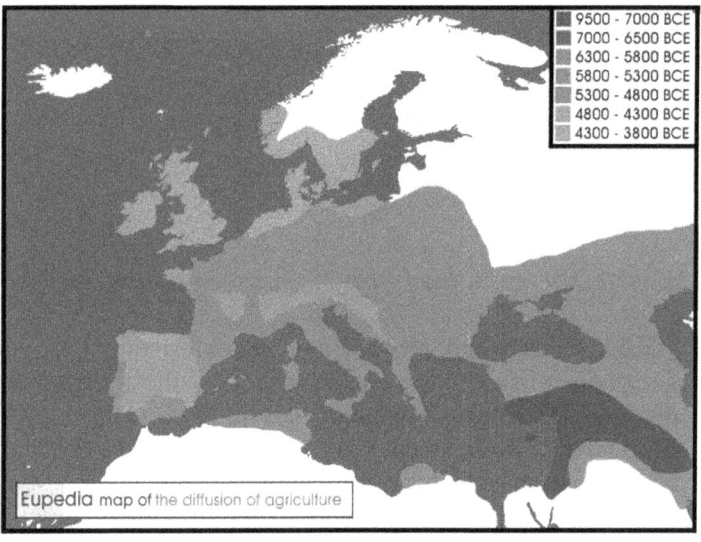

L'haplogroupe E1b1b est même toujours prépondérant de nos jours en Grèce montrant non seulement que cette région a été très tôt sous influence des premiers agriculteurs parvenus en Europe

---

[43] http://www.marres.education/fr/haplogroupe_G.htm
[44] http://www.eupedia.com/europe/Haplogroupe_E1b1b_ADN-Y.shtml

mais également que les Grecs, par leur politique expansionniste, ont aidé à l'expansion de ce lignage en d'autres contrées sur Vieux Continent. La propagation des hommes appartenant au lignage E1b1b ayant bien entendu été favorisée par le mode de vie néolithique adopté par les fermiers-agriculteurs qui ont petit à petit absorbé les autres lignages de souche européenne comme celui des chasseurs-cueilleurs (haplogroupe I, purement européen). L'haplogroupe dont il faudra cependant se souvenir est le G2a, sous-clade (sous-branche) de l'haplogroupe G qui sera présent dans tous "les bons coups" de la préhistoire. Avec l'haplogroupe indigène I, il élèvera d'imposantes pierres taillées et commencera ce qui s'appellera plus tard la civilisation mégalithique, dont l'origine selon notre enquête ne vous étonnera guère. En lien avec les souches indo-européennes R1b, il participera à la conquête du Vieux Continent et à la diffusion de mœurs patriarcales qui mettront fin aux cultures matrilinéaires du Néolithique. Ci-après la répartition actuelle des lignages génétiques des principaux pays concernés par notre étude :[45]

---

[45] Source : http://peopletales.blogspot.fr/2013/08/histoire-genetique-repartition.html

Haplogroupe (%)	T			J	L	E1b1b				I	Q	R1a	R1b	G2a	N1C1
Allemagne/Nord	1	4	0,5	4,5		2,5	18,5	0,5	7,5	26,5	2	22	36	3,5	1,5
Angleterre	0,5	3,5	0	3,5		2	14	2,5	4,5	21	0,5	4,5	67	1,5	0
Autriche	1	12	0	12		9	12	6	2	20	0,5	26	23	8	0,5
Espagne	2,5	8	1,5	9,5		7	1,5	4,5	1	7	0	2	69	3	0
Finlande	0	0	0	0		1	28	0	1	29	0,5	7,5	3,5	0	58,5
Flandre/Artois	0	5	0	5		12	11	2,5	0,5	14	0	2,5	61	6	0
France	1	7	1	8		7	9,5	2	4	15,5	0	2,5	61	5	0
Grèce/Centre	5	19	3,5	22,5		29,5	3,5	7	3,5	14	0	11	11,5	6	0
Italie/Centre	3	23	5	28		11,5	2,5	2	1,5	6	0	3	36	11	0
Bosnie	2,5	6	1	7		14,5	2,5	50	0,5	53	0	13,5	4	2	0
Bulgarie	1,5	11	3	14		24	4,5	19,5	1,5	25,5	0,5	17	10,5	5	0,5
Hongrie	1	7	0	7		9,5	8	15	2,5	25,5	1	32,5	17	5	1
Pologne	0,5	2,5	1	3,5		5	6	9	1	16	1	55	16	2	1
Roumanie	2,5	13	1,5	14,5		9	2	26	2	30	2,5	18	16	6,5	0
Vlachs	2	24,5	0,5	25	0	16,5		10,5	0	20,5	0	10	21,5	3,5	0
Russie	1,5	3	0	3		2,5	5			15,5	1,5	46	6	1	23
Turquie	2,5	24	9	33		11	1	4	0,5	5,5	2	7,5	16	11	4
Ukraine	2	6,5	0,5	7	0,5	7	3	21	1	25	4	43	4	2,5	5
Hébreu Ashkenazi	2	19	19	38		20,5				4	5	10	9	9,5	0
Hébreu Séfarade	6	25	22	47	1	9				1	2	5	13	15	0
Égypte	6	6,5	24	30,5		46				0,5	0,5	2	6	5,5	0
Iran	3	12	10	22	4	4,5				3	4	16,5	6,5	10	2,5

***

Le grec ancien, construit sur l'indo-européen avec un substrat d'idiome préhellénique, peut présenter des accointances phonétiques avec le sumérien et l'akkadien. Des termes grecs sembleront également tout droit sortis du royaume des Deux Terres ; là encore la sémantique nous assistera pour valider nos théories dans ce sens. Nous verrons au fur et à mesure de notre étude que de nombreux noms divins n'ont pas de sens en grec ancien, par exemple : Ouranos (Οὐρανός / *Ouranós*) qui provient à n'en pas douter du sumérien UR₃(sommet, toit)-ANU(Ciel), "le sommet ou les limites du Ciel" ou encore Apollon (Ἀπόλλων / *Apóllôn*) dont l'origine remonte certainement au terme akkadien APLU signifiant "héritier ou fils de" qui fut transmis au dieu éponyme étrusque Aplu, équivalent d'Apollon.

Toujours est-il qu'il existait déjà au Néolithique (entre 6800 et 3200 av. J.-C.), avant l'arrivée des Achéens depuis le nord, une population inconnue au sud de la région, en Thessalie. Les historiens n'en connaissent ni l'origine ni la famille linguistique exacte mais ils disposent de quelques témoignages intéressants comme de belles statuettes aux formes épurées. S'agit-il des fameux Pélasges dont la présence en Crète remonte à au moins – 2000 avant notre ère ? Nul ne saurait dire. Au Néolithique succède l'âge du Bronze, qui s'étend de 3200 à 1100 av. J.-C. comme évoqué au chapitre précédent. Ces périodes étaient essentiellement régies par un système matrilinéaire où le culte de la Déesse-Mère n'avait pas d'égal. La mythologie de l'époque classique a volontiers puisé son inspiration dans cette période de la Haute Antiquité de la Grèce.

Voici quelques repères pour situer dans le temps les héros et les événements de cette période préhistorique de la Grèce :

➢ le roi légendaire Égée aurait vécu aux environs de 2600 av. J.-C. ;
➢ le roi légendaire Minos aurait vécu en Crète vers 2000 av. J.-C. ;
➢ la guerre de Troie, magnifiée par le récit de l'Iliade, se serait

déroulée vers -1230, époque à laquelle auraient aussi vécu Agamemnon, roi de Mycènes, et Ménélas, roi de Sparte.

Nous évoquerons certains de ces personnages légendaires lors de notre étude. Comment distinguer le mythe de la légende ? Les traditions orales ont tendance à amalgamer les deux types de récits. Il faut pourtant bien les discerner ; comme l'a si bien dit R. Sorel, une légende : "*s'amarre au temps et s'étale sur un espace pour recouvrir le merveilleux qu'elle véhicule d'une pellicule de vraisemblance.*"[46] Alors que le mythe ne magnifie que très rarement la réalité, il transmet un message. Aujourd'hui un mythe se définit comme une histoire relatant des faits imaginaires peuplée de créatures fabuleuses et de héros surhumains. Le terme mythe provient du grec ancien μῦθος / *mythos* ("conte, fable") mais nous allons voir qu'ils n'ont peut-être de fable que le nom, nos fameux mythes. Décomposons le mot *mythe* avec les valeurs phonétiques du syllabaire suméro-akkadien (ou protosumérien le langage des dieux appelé Emeša par Anton Parks) : MU-TU-UŠ ;[47] MU(parole, dire, ligne sur une tablette, témoignage, nom, mots)-TU(former, façonner), TÚ(obtenir)-UŠ(support), soit "le témoignage façonné et érigé" ou "le support de la parole obtenue". Le mythe servirait bien à "enregistrer", à servir de support à la tradition orale. Christian Jacq distingue, lui, la légende du mythe en ces termes : "*legenda ("ce qui doit être lu") ou le mythe (enseignement caché, secret) (...) c'est en utilisant l'outil du mythe que les Anciens permettaient aux initiés de percevoir le mystère suprême, le triomphe de la vie en esprit sur la mort (...) Le mythe est un sentier de connaissance vers la lumière et, selon une méthode qu'on peut qualifier d'"osirienne", il nous a été transmis en fragments dispersés qu'il nous appartient de rassembler et d'ordonner.*"[48]

Vous allez découvrir plusieurs dizaines de décompositions de la sorte basées sur le protosumérien. Vous n'avez aucune

---

[46] R. Sorel, *Orphée et l'Orphisme*, Éd. PUF, 1995, page 17.
[47] Le sumérien présentait une forte tendance à l'harmonisation vocalique ; ainsi fusionnaient deux voyelles identiques qui s'enchaînaient. Dans cet exemple, *mythos*, que l'on pourrait traduire phonétiquement en MUTUS, est à son tour décomposable en MU-TU-US ou MU-TU-UŠ.
[48] Christian Jacq, *La Légende d'Isis et d'Osiris*, Éd. MdV Éditeur, 2010, pp. 9-10.

obligation de les voir comme des réponses absolues et définitives. Elles sont – comme l'ensemble de cette série d'essais – libres d'interprétations et n'ont jusqu'à preuve du contraire aucune valeur scientifique. Le sumérien dont l'origine est inconnue ne peut être rattaché à aucune famille linguistique connue. D'un point de vue typologique, il présente des points communs avec d'autres langues agglutinantes comme le basque, le hongrois ou le chukchee[49] (langue paléosibérienne). Pourtant il n'a pas été prouvé que le langage sumérien peut être regardé comme un ancêtre de quelque idiome que ce soit. Toutes les tentatives de rapprochement se sont soldées par un échec malgré les récentes et pertinentes recherches de G. Steiner dans ce domaine.[50] L'approche de Parks quant à ces sujets est iconoclaste : il s'est basé sur l'intégralité des valeurs phonétiques (que nous nommerons aussi particules ou syllabes) akkadiennes et sumériennes en partant du simple principe que ces idiomes ont été utilisés par les "dieux" pour bâtir les premières langues parlées de l'humanité. En décomposant les étymologies les plus anciennes des mots-noms qui nous occuperont à l'aide du syllabaire suméro-akkadien, nous découvrirons dans la quasi-majorité des cas que leurs sens premiers – et cachés[51] – compléteront à merveille nos analyses

---

[49] Lucien-Jean Bord, *Petite grammaire du sumérien à l'usage des débutants*, Éd Geuthner, 2003, Introduction.
[50] G. Steiner, *Sumerisch und Elemisch : Typologische Parellelen*, Acta Sumerologica 12, 1990, pp. 143-176.
[51] La polyphonie est l'une des caractéristiques les plus frappantes du sumérien. Les premiers symboles cunéiformes démontraient la nature pictographique de l'écriture sumérienne. Le signe a la forme du mot qu'il désigne (une étoile figure le ciel, les constellations ou les étoiles) et se prononce par un son (un signe = un son). L'écriture a évolué vers une certaine complexification, les pictogrammes ont petit à petit été remplacés par des idéogrammes et des syllabogrammes. Ainsi on peut lire les langues usant de l'écriture cunéiforme de façon phonétique et idéographique, un signe pouvant se lire comme une valeur phonétique ou une idée (mot complet). Selon les experts, c'est le surplus de signes – plus de deux mille utilisés dès la période archaïque d'Uruk, IVe millénaire av. J.-C. – qui a obligé les Sumériens et les Akkadiens à se servir d'homophones ; particules à la prononciation identique mais au sens différent. Selon Anton Parks, cette homophonie trahit l'existence originelle de divers idiomes utilisés par deux clans divins opposés qui mélangeaient les valeurs phonétiques afin de communiquer clandestinement avec les premiers hommes civilisés et dérouter les engeances adverses qui usaient d'un syllabaire différent. Cela expliquera les différents sens que l'on peut donner à une seule décomposition à l'aide du syllabaire suméro-

comparatives des traits et motifs mythologiques. Hasard ou coïncidences, à vous de juger...

Pourquoi la Grèce est-elle si importante encore aujourd'hui ? Tout simplement parce qu'elle représente le socle social, la culture fondatrice de l'intégralité des peuples d'Europe et, par extension, de la civilisation occidentale dans son ensemble. Aujourd'hui encore notre culture est totalement imprégnée de concepts grecs nés il y a bientôt 4000 ans. Inutile de lister tous les apports de cette civilisation antique : quasiment tous les domaines du quotidien sont impliqués.

2 - La Nature du Mythe

Pourquoi les mythes grecs sont-ils à ce point ancrés dans notre inconscient collectif ? Ce n'est pas parce qu'ils sont une des clés de notre psyché contrairement à ce que pourraient affirmer nombre de psychanalystes. Cet argument est d'ailleurs largement réfuté par tous les hellénistes dignes de ce nom comme Walter F. Otto (philologue allemand connu pour son travail sur l'importance et la signification de la mythologie et de la religion grecques antiques[52]) ou encore Robert Graves (spécialiste incontesté des traditions et mythologies indo-européennes). Laissons s'exprimer Otto à ce sujet : "*Il convient de dire enfin ici un mot de la nouvelle mode qui consiste à interpréter les mythes par la psychologie des profondeurs* (NDA : La psychanalyse). *Le nom lui-même annonce qu'en l'occurrence la prétendue profondeur de l'âme humaine va entrer en scène à la place de la profondeur de la réalité du monde. C'est là l'impasse la plus dangereuse. En effet, cette psychologie va, de la façon la plus séduisante, au-devant de la fatale introspection de l'homme moderne.*

Elle ne parle plus de modes de pensée particuliers, mais d'expériences vécues et de visions relevant de l'âme, qu'il n'est pas besoin de supposer avoir existé dans l'humanité primitive,

---

akkadien (contenant la totalité des syllabes utilisées par les deux clans ennemis).
[52] https://fr.wikipedia.org/wiki/Walter_F._Otto

mais qui se manifestent aujourd'hui encore et qu'il doit bien être possible d'observer avec exactitude. Cette psychologie apprend ainsi à ses partisans à ne plus ouvrir l'œil sur le monde des choses, mais à regarder uniquement vers l'intérieur, là où selon elle se joue en vérité tout ce qui est mythique.

Par là, elle contribue de manière terrifiante à l'appauvrissement de l'homme d'aujourd'hui, lequel est en passe, par sa science et sa technique, de perdre totalement le monde et d'avoir exclusivement affaire à lui-même.

Elle prétend, grâce à l'analyse des rêves et des états oniriques de personnes malades ou en danger psychique, parvenir à rencontrer de véritables images mythiques, qui sont ainsi susceptibles de donner des indications sur l'origine et l'essence du mythe. Et même davantage encore !

Ces images du rêve doivent tant ressembler aux figures mythiques héritées du passé le plus lointain, qu'il serait impossible d'écarter la pensée qu'elles reviennent mystérieusement. Aussi bien les nomme-t-on archétypes[53] (c'est-à-dire images originaires), et l'on s'imagine que ces archétypes se sont conservés, sans que l'esprit conscient le sache, dans le prétendu inconscient de l'âme pour réapparaître sous forme de rêves au moment où elle en a besoin. Pour comprendre cette singulière démarche, on exige de nous d'admettre l'hypothèse d'une "âme collective", qui a été capable, avec une surprenante fidélité, de conserver les pensées ou les visions des temps primitifs.

S'il en était ainsi, les mythes auraient dû, dès leur première apparition, être quelque chose d'apparenté aux expériences vécues de l'âme, avec cette différence qu'ils étaient jadis présents à la conscience, tandis qu'aujourd'hui, ils ont été refoulés dans l'inconscient d'où le psychothérapeute les voit surgir dans les rêves de ses patients et les ramène au conscient.

---

[53] Sortes de constantes universelles de l'imagerie mentale dont le psychanalyste C. Jung a fait son cheval de bataille.

Admettons provisoirement que chaque image du rêve ressemble à ce point à l'image originelle du dieu, qu'il soit inévitable de supposer l'existence d'une liaison immédiate de l'un à l'autre : dans ce cas l'hypothèse d'un inconscient au sein duquel se conservent les idées de l'époque primitive, est bien la dernière chose à laquelle nous devrions aboutir. En dehors de l'exigence démesurée qu'elle impose en fait à notre pensée, elle part de la présupposition implicite que le mythe originel ne contient aucune vérité de l'être. Car, sinon, nous devrions compter au moins avec la possibilité que sa vérité puisse encore être éprouvée dans certaines circonstances, parce que l'être des choses est bien tel qu'il est représenté dans le mythe. Mais que cela dût avoir lieu dans les rêves d'individus quelconques, et, de plus, dépourvus de dimension spirituelle, voilà qui serait fort improbable.

Mais venons-en à l'essentiel : il n'est absolument pas vrai que les images de rêves en question soient comparables ou même identiques aux figures des mythes. <u>L'interprétation des mythes par la psychologie des profondeurs se meut donc dans un cercle : elle présuppose ce qu'elle croit démontrer. Elle part d'une notion préconçue du mythique pour le découvrir confirmé dans les visions oniriques. Et cette notion repose sur une méprise.</u>"[54]

Et Robert Graves de renchérir : "*Une véritable science du mythe doit être édifiée sur une étude patiente de l'archéologie, de l'histoire, des religions comparées, et non pas naître de façon subite dans le cabinet de consultation d'un psychiatre. Bien que les jungiens* (NDA : Partisans du psychanalyste Carl Gustav Jung, "père" de l'inconscient collectif) *considèrent que les mythes sont des manifestations de la psyché préconsciente ou des révélations non contrôlées concernant des événements psychiques inconscients, la mythologie grecque en vérité n'était pas plus mystérieuse que ne le sont des affiches électorales modernes ; et, par ailleurs, les mythes circulaient, pour la plupart, dans des pays qui avaient d'étroites relations politiques avec la Crète minoenne, État suffisamment évolué pour avoir constitué des archives, possédé des immeubles à quatre étages dotés d'installations*

---

[54] Walter F. Otto, *L'Esprit de la religion grecque ancienne : Theophania*, Éd. Berg International, 1995, pp. 33-35.

sanitaires, avec des chambres munies de portes à verrous qui ont une allure moderne, qui utilisait des marques de fabrique, le jeu d'échecs, un système de poids et mesures et un calendrier basé sur de patientes observations astronomiques."[55]

Voilà qui est dit ! Ces deux spécialistes de renom réfutent avec vigueur motifs archétypaux et autres figures étiologiques comme explication originelle des mythes (grecs en ce qui les concerne). Il faut savoir qu'Otto comme Graves ont été taxés d'évhémérisme, certes mineur, mais d'évhémérisme malgré tout. Leurs contradicteurs voulaient leur faire avouer qu'ils croyaient avec insistance en la réalité tangible des anciens dieux ; étant pour eux des personnages (souverains, prêtres, membres de corporations...) ayant été divinisés après leur mort. Jean-Bruno Renard (sociologue français de son état) parlerait aujourd'hui de "néo-évhémérisme" au sujet de l'œuvre d'Anton Parks ayant inventé le terme pour qualifier la théorie des anciens astronautes ; dans laquelle peut s'inscrire une partie des travaux de ce dernier. Encore une fois tout n'est pas blanc ou noir... je vous donnerai mon opinion sur la question à l'issue de ce chapitre.

***

Les mythes ne sont pas non plus, à l'origine, des allégories des actions de la nature ou des forces cosmiques. Il est pourtant enseigné – et je laisse la parole à Georges Contenau – que : *"l'art primitif atteste une religion essentiellement naturiste, caractérisée par le culte des forces de la nature personnifiées principalement par des animaux, des plantes ou des astres en qui elles se manifestent. Que l'homme en vint très rapidement à concevoir les dieux à son image, tandis que les vieux symboles divins devenaient de simples emblèmes ou attributs des divinités anthropomorphes. Que ces êtres divins furent conçus avant tout comme des êtres créateurs "envisagés sous les deux aspects humains, celui d'un principe mâle et celui d'un principe féminin de fécondité" : la notion de couple divin provoquant la fécondité par son union est à*

---

[55] Robert Graves, op. cit., pp. 35-36.

la base de l'élaboration théologique en Mésopotamie[56] (NDA : Comme en Égypte et en Grèce Antique)."

Cet art primitif illustrerait principalement les récits des mythes et légendes. Il revient à dire, selon Contenau, que tous les mythes trouvent leur source dans des motifs naturistes. Simpliste. Le professeur de sociologie Gilbert Durand définit quant à lui le mythe comme "*un système dynamique de symboles, d'archétypes et de schèmes, système dynamique qui, sous l'impulsion d'un schème, tend à se composer en récit.*"[57] Le poète allemand Friedrich Georg Jünger aurait sans doute répondu à Contenau et à Durand que : "*de telles constructions – ramener les mythes à des "présupposés" animistes, fétichistes, évolutionnistes, psychologiques et psychanalytiques – peuvent bien être ingénieuses, elles n'en sont pas moins des pièces rapportées. Elles ne sont pas seulement une méconnaissance du mythe, mais encore travaillent à sa destruction. Elles passent à côté de l'existence des dieux, de leur monde et de leur règne.*"[58]

Otto renchérirait en précisant que : "*le divin ne peut relever que d'une expérience ; que les dieux ne peuvent être l'objet ni d'une invention, ni d'une création de l'esprit, ni d'une représentation.*"[59]

Dans quelle expérience le divin est-il présent ? C'est tout l'intérêt de notre étude.

Robert Graves rappelle de son côté qu'il convient – à ses yeux – de distinguer le mythe véritable : "

*1) de l'allégorie philosophique,
2) de l'explication étiologique des mythes dont le sens est perdu pour nous,
3) de la satire ou de la parodie,*

---

[56] Georges Contenau, *La civilisation d'Assur et de Babylone*, Éd Payot, 1951, page 72 in P. Amiet, *Revue de l'histoire des religions*, 1952, Volume 141, page 92.
[57] Gilbert Durand, *Les Structures anthropologiques de l'Imaginaire : introduction à l'archétypologie générale*, Éd. Dunod, 1992, p. 64.
[58] W. Otto, op. cit., page 20.
[59] Ibidem.

4) du récit romanesque,
5) de l'histoire romancée,
6) du roman de ménestrel,
7) de la propagande à des fins politiques,
8) de l'histoire morale,
9) de l'anecdote humoristique,
10) du mélodrame pour le théâtre,
11) de l'épopée héroïque (Iliade)
12) du récit réaliste"[60]

Précisant avec pertinence qu'il est "*rare qu'un seul auteur donne la version la plus complète ou la plus révélatrice d'un mythe ; en outre lorsqu'on cherche le thème original, ne doit-on pas imaginer que plus les sources écrites sont anciennes, plus elles sont dignes de foi.*"[61]

Je ne suis pas tout à fait d'accord sur les distinctions que Graves fait du mythe "véritable" de ce qu'il n'est pas censé être ; j'y reviendrai.

Ici encore Walter Otto nous met en garde contre une interprétation naturiste fallacieuse des mythes et de leur complexité : "*Combien cette "mentalité primitive" constitue un obstacle à la compréhension des cultes préchrétiens, c'est ce que montrent les œuvres de la science des religions.*

Il faudrait bien quand même finir par considérer avec quelle naïveté les chercheurs de ces dernières générations ont transféré leur propre image sur celle de l'homme des temps primitifs ! <u>De la même façon qu'ils ne pouvaient voir dans les anciens cultes rien d'autre que des cérémonies techniques primitives, de même ils affadirent les figures des dieux en les réduisant à des notions préscientifiques de formes d'apparition naturelles, que sans doute nous aussi nous connaissons, mais que nous, nous interprétons comme il faut.</u>

---

[60] Robert Graves, op. cit., pp 21-22.
[61] Ibidem.

C'est ainsi que jusqu'à aujourd'hui, tout, dans les descriptions scientifiques de la religion grecque, est plein de dieux de la végétation, de dieux du temps, de dieux des saisons, du printemps, de l'hiver, etc., c'est-à-dire plein d'êtres qui s'appellent dieux, mais qui, en eux-mêmes, ne sont rien d'autre qu'une volonté ajoutée comme causalité au phénomène naturel correspondant. Que cette volonté privée d'être soit révérée comme dieu, que la conscience de sa proximité ne suscite pas seulement la crainte ou l'espoir d'un secours, mais aussi la grande festivité des chants, des danses et des célébrations sacrées, cela ne fait aucune difficulté aux yeux des théoriciens d'après les convictions desquels un dieu n'était à l'origine rien de plus qu'une puissance naturelle particulière, dont la notion a "évolué" au cours du temps en celle d'une personne digne de vénération, tout comme les théories de l'évolution font surgir par enchantement quelque chose à partir d'un néant.

Qu'au tout début l'idée de dieu doive appartenir à une dimension d'être totalement différente de tous les concepts de causalité et d'efficience, et qu'elle ne serait jamais venue à l'esprit d'un être humain si le dieu ne s'était pas manifesté lui-même comme dieu, voilà encore qui ne fait jamais question pour les chercheurs, puisqu'ils sont sûrs que seule la religion des Temps Modernes est en droit de parler de révélation divine. Ainsi rendent-ils à la théologie, le meilleur service, au nom de la science qui se nomme objective."[62]

Je rejoins Graves et Otto quant à ces interprétations pompeuses et étriquées d'un corpus mythologique ; quel qu'il soit.

Les mythes peuvent-ils alors constituer des récits d'aventures chamaniques déclenchés par la prise de composés hallucinogènes ? En tout ou partie, je répondrai par l'affirmative. Yves Dacosta nous informe que : "*aux origines du monde hellénique l'enseignement initiatique et les rites d'initiation constituaient la partie la plus centrale, la plus noble, de ce qu'il est convenu d'appeler aujourd'hui la "religion" (...) l'initiation fut*

---

[62] W. Otto, op. cit., pp. 32-33.

la procédure idéale de formation ou de sélection de l'élite grecque, depuis le début de son histoire (ou de sa préhistoire), et qu'elle n'avait pas un objectif moindre que le dépassement de la condition humaine, l'accès à un statut divin."[63]

Ainsi retrouvons-nous au sein de certains mythes grecs comme les épopées héroïques – peut-être venus "d'ailleurs" (comme nous le verrons) étendant les pratiques initiatiques au-delà du monde grec – des références à des épisodes rituels sinon chamaniques du moins initiatiques et fréquemment accompagnés de la consommation de narcotiques. Graves n'aurait lui-même pas remis en question ce fait ; il a de son côté décrypté de nombreux passages mythologiques comme autant d'allégories de cérémonies rituelles notamment en ce qui concerne l'intronisation et les simulacres de mort/résurrection des rois sacrés de l'Antiquité. Lorsqu'il en sera question, nous reviendrons sur la nature initiatique de quelques récits mythologiques pertinents.

Pour rappel, initiation vient du latin *initiare* ("commencer"), *initium* ("début"), de *in ire* ("s'avancer dedans" ou "aller à l'intérieur"). L'initiation est donc l'étude des "commencements" (ou re-commencements) qui, dans l'apprentissage par degrés (du latin *gradalis*, qui a peut-être donné le mot "Graal"), est la phase pédagogique première d'instruction, d'éducation mais aussi, en fin d'études, l'apprentissage du Grand Secret ou du Grand Mystère.

"Initier", avant même de signifier "commencer", veut dire dans son étymologie grecque, "faire passer par la mort". Mais un passage qui, comme tous les rites d'initiation, entraîne un changement de conscience, une mutation (…) Pour l'initié, le regard porté sur la vie et sur la mort est à jamais changé."[64]

C'est ainsi que les héros de l'Antiquité, appelés à devenir souverains, passaient par des étapes de vie faisant écho à des passages de rituels initiatiques : quêtes, descente aux Enfers,

---

[63] Yves Dacosta, *Initiations et sociétés secrètes dans l'Antiquité gréco-romaine*, Éd. Berg International, 1991, page 10.
[64] Joëlle de Gravelaine, *La Déesse sauvage*, Éd. Dangles, 1993.

résurrection symbolique, divinisation de l'âme... le tout mis en scène en Grèce antique par des confréries initiatiques en souvenir ou en l'honneur d'épisodes "vécus" par certains des plus vénérés des dieux et héros de la mythologie : Héraklès, Orphée, Dionysos... etc. Nous reviendrons largement sur les liens entre sacrements, rites initiatiques, cérémonies funéraires et... célébrations agricoles, le tout étant intimement lié comme vous vous en doutez déjà.

D'ailleurs nous allons profiter de cet espace (dernière partie du tome 3) pour réhabiliter un anthropologue de génie – contemporain de l'illustre James Frazer – dont le nom a pour ainsi dire sombré dans les abîmes du Tartare : Arthur Maurice Hocart. Ce chercheur franco-britannique va plus loin que Dacosta puisqu'il a établi de grandes thèses, réparties sur l'ensemble de ses cinq ouvrages dans un imposant travail comparatif, permettant de bâtir une théorie anthropologique unitaire. Le travail de Hocart s'articule autour de quatre postulats :

1- La culture (ensemble des techniques et institutions sociales) est fondée sur le rite. La constitution de sociétés humaines a toujours répondu à des impératifs cultuels et/ou magico-religieux.
2- Tous les rites se basent sur une structure et une fonction unique ; ils ont pour objectif commun de promouvoir la vie c'est-à-dire la prospérité et la stabilité des sociétés et des hommes. Quasiment le même scénario, les mêmes schémas à quelques détails près se retrouvent dans tous les rites.
3- Les rites sont tous d'origine royale et reprennent tout ou partie des cérémonies d'intronisation des futurs monarques, dont les phases initiatiques.
4- Tous les premiers souverains étaient des rois morts ; des victimes sacrificielles. Le sacrifice humain (et donc royal à l'origine) servant de base à tous les grands rituels.

Le roi étant l'intermédiaire du divin par excellence, parfois même considéré comme l'incarnation de la divinité, vous comprendrez quel drame se rejouait dans les sacrifices royaux : celui de la mort de l'un des dieux les plus vénérés de l'Antiquité :

Osiris (en Égypte), Damu-Dumuzi-Tammuz (en ancienne Mésopotamie), Dionysos (en Grèce), Adonis (en Syrie), Attis (en Phrygie). Quel est l'intérêt de mettre à mort son souverain ? Simplement parce qu'entre autres choses, pour certains fidèles, la mort du roi conditionnait sa résurrection (Osiris devenant Horus) et incidemment la promesse d'une vie meilleure pour le peuple. Il est évident que ces thèses lèvent plus de questions qu'elles n'apportent de réponses. C'est pourquoi nous développerons plus avant les assertions "hocartiennes" – et "frazériennes" – dans les *Témoins de l'Éternité*, le tome 3 de *Quand les dieux foulaient la Terre*.

***

La mythologie grecque semble composée en grande partie de récits et d'épopées décrivant (souvent sous une forme allégorique) :

1- des événements politico-religieux anciens ou contemporains,
2- l'influence du monde sacré sur le monde profane avec en toile de fond la Reine – image de la Grande-Déesse –, les liens avec son époux le roi sacré garant de la stabilité du Monde, l'intronisation de ce dernier et le rôle qu'il joue en tant que victime sacrificielle au sein des sociétés primitives. Certains récits, comme nous le verrons, ne le sont pas du tout... allégoriques.

À quand remontent les faits les plus anciens décrits par les mythes ? Qui saurait répondre à cette excellente question : personne. Pas même les chroniqueurs des siècles obscurs dont le rôle aura certainement été de compulser à l'écrit ou sous forme théâtrale les récits les plus populaires de leur époque. Il y a fort à parier que grand nombre de légendes ont fini aux oubliettes de l'Histoire ; définitivement perdues dans les mémoires des Anciens. Cependant il convient – comme le précise Robert Gaves – de remonter à la source la plus ancienne du mythe pour en dévoiler le sens original. Nous ferons de même pour ce qui est de l'étymologie des termes étudiés.

Beaucoup d'entre vous connaissent un voire plusieurs mythes gréco-romains. Ce livre n'est pas un catalogue de plus décrivant les aventures des divinités et des héros de l'Antiquité. Nous nous référerons aux mythes avec le plus de sources possible dans le seul cadre de notre étude comparative. Contrairement aux textes religieux plus récents, les mythes et légendes de ces époques lointaines ne sont pas régis pas un dogme, ils n'ont pas de commencement ni de fin ; encore moins une chronologie cohérente. Ils sont pour certains à ce point décousus que cela s'expliquerait par la reprise et la réécriture partielles de leur contenu à travers les époques. Les échelles de temps des récits sont à géométrie variable et nous retrouvons souvent des héros au cœur d'un acte à un "instant mythologique" où leur naissance ne s'est pas encore produite ! Selon les conteurs, les traditions et les époques, les divinités ont des comportements antinomiques (mais souvent complémentaires comme nous le verrons) et leurs actes ont des retombées tout aussi inattendues. Cela n'a jamais arrêté les mythographes dans leur élan... De même, les récits cosmogoniques narrant la naissance du Monde ne sont pas compatibles entre eux. Toujours est-il que l'antériorité et le manque de structure des mythes a joué en leur défaveur par rapport aux religions du Livre, leur conférant jusqu'à il y a peu un caractère purement littéraire, poétique, fantasmagorique ; dénué d'intérêt, même pour les historiens et anthropologues dignes de ce nom.

***

À l'inverse de nos religions modernes, les mythes n'ont pas de fonction moralisatrice ; bien au contraire même. Les récits sont rarement vertueux, on y sacrifie des vierges et des enfants, viole et tue des femmes, croise des voleurs de grands chemins ou des pirates sanguinaires, des dieux capricieux et impétueux, des héros perdant la raison, des monstres hybrides gardant des temples oraculaires, forêts, montagnes...etc. Il ne fallait pas compter sur ces histoires pour éduquer les enfants de l'Antiquité. À moins de vouloir les effrayer pour toute leur vie !

Il y a parfois, il faut bien l'avouer, une fonction étiologique dans les mythes grecs. Je ne suis pas aussi catégorique que Graves et Otto à ce sujet. Je la pense tardive et réexploitant des divinités déjà présentes et vénérées pour tout autre objet. Cette fonction permet d'expliquer simplement les événements de la nature et/ou du cosmos incompris par les Anciens. Mais n'oublions pas que nos ancêtres étaient tout aussi savants et érudits que nous dans bien des domaines : ils n'auraient certainement pas édifié des temples somptueux et élaboré des organisations sacerdotales complexes dans le simple but de rendre hommage au tonnerre, à la Lune ou au vent.

Une des fonctions majeures des mythes est de justifier l'héritage divin des familles aristocratiques. Comment mieux justifier son appartenance à l'élite antique que de prétendre avoir pour ascendants Héraklès ou Apollon ? Et cela est peut-être vrai d'une certaine manière. Nous avons bien vu dans les *Chroniques du Ǧírkù* que les Gina'abul avaient généré des hybrides avec les humains ; ceux-ci devenant les premiers souverains de sang divin à la tête des royaumes des anciens dieux. Le premier roi mythique d'Athènes était Kékrops et il était dit mi-homme mi-serpent. Les érudits modernes interprètent cette description comme étant le résultat symbolique d'une double nature de ce premier roi : entre l'homme et l'animal. Pourquoi pas ? Les dieux – on le sait – étaient proches des hommes en ces temps-là Ils foulaient la Terre et interagissaient avec les peuplades humaines. Toutes les traditions rapportent également qu'avant la création des hommes, les dieux vivaient entre eux depuis des temps immémoriaux. Pour les mythologues "sérieux" d'aujourd'hui, qui ne voient dans les mythes grecs ni l'interprétation *stricto sensu* d'événements de la nature et/ou du cosmos ni l'étalage grossier des recoins de la psyché humaine, ces dieux ont eu une existence "palpable" et les mythes sont des récits historiques (voire préhistoriques). Contrairement à ce que nous allons avancer tout au long de cette série d'essais, en revanche, ils sont plus enclins à croire que ces dieux de l'Olympe représentaient des rois divinisés et des titres sacrés se transmettant de génération en génération ; expliquant par ailleurs l'immortalité des déités. Nous touchons là une contradiction majeure. Comme nous allons le voir, les hommes sont une création des dieux (que ce soit chez les Grecs, les

Égyptiens ou les anciens Mésopotamiens) ; conception accessoire et en marge de leur vie divine. Tous les mythographes s'accordaient là-dessus. Nos ancêtres se distinguaient clairement des déités et de leurs rejetons hybrides, les demi-dieux. Comment et pourquoi déclarer aujourd'hui que de simples chefs de clans ou récipiendaires de titres sacrés, tout aussi humains que leurs compatriotes, bénéficieraient d'égards les plaçant au rang d'entités immortelles, au pouvoir de destruction, de transformation et de création dépassant l'entendement ? Qu'un roi de clan soit placé dans les étoiles du cosmos et soit en quelque sorte "divinisé", pourquoi pas, mais de là à faire de Zeus – instigateur d'un déluge global – un simple titre transmis d'une génération à l'autre... Cela n'a pas de sens ! La seule explication résistant à l'analyse est celle faisant état d'une espèce divine distincte de l'espèce humaine. Il est probable en revanche que Zeus, comme d'autres noms divins, ait été une dénomination divine avant de tomber dans le domaine des mortels. Je ne suis donc ni vraiment d'accord avec Graves et Otto ni avec leurs contradicteurs d'ailleurs...

Les Grecs sont peut-être ceux qui ont le plus décrit l'allure et la nature divine, tout en la distinguant de celle de l'homme. Ainsi les dieux :

> sont de taille plus élevée que celle des mortels,
> ont la capacité de changer leur apparence physique pour apparaître sous d'autres aspects,
> peuvent devenir invisibles aux yeux de humains,
> parlent une langue divine mais s'expriment avec la langue autochtone au besoin,
> possèdent un sang différent du nôtre. L'ichôr coulant dans leurs veines. Sans description précise de la nature de ce sang, Homère explique cette particularité du fait du régime alimentaire des dieux : ambroisie et nectar, aliment et liquide spécifiques leur conférant l'immortalité.

Conférer l'immortalité par la nourriture ? Oui, parce que si les dieux ont l'avantage de l'éternelle jeunesse, ils n'en demeurent pas moins vulnérables. Les dieux grecs souffrent, peuvent être blessés (Aphrodite par Diomède, Arès par Héraklès...) et ils peuvent périr

(Pan, Dionysos).[65]

Reproduction d'un sceau-cylindre sumérien (date inconnue) présentant le dieu Utu et sa sœur Inanna dominant des humains de taille nettement inférieure à eux...

Il est intéressant de constater que ce sont là autant de caractéristiques des fameux dieux du Bestiaire Céleste décrits par l'auteur Anton Parks : taille moyenne des individus de deux mètres, changement d'apparence physique à l'aide de la "force mentale" (appelée "*Níama*" dans les livres de Parks), langues venues des étoiles encodées dans les langues humaines, sang de nature différente de celle des hommes et enfin vie quasiment éternelle par la consommation de l'Únamtila. L'Únamtila ou la "plante de la vie" est le sang des femelles Amašutum transmis rituellement à un officiant – comme ce fut le cas pour Sa'am-Enki dans le *Secret des Étoiles Sombres* – lors de cérémonies initiatiques sacrées. Ce qui sera appelé plus tard le "regard de vie" lorsque nos protagonistes seront sur Uraš sera une recette

---

[65] Catherine Salles, *Quand les dieux parlaient aux hommes*, Éd. Tallandier, 2003, pp. 78-79.

améliorée de l'Únamtila – l'or devenant un ingrédient supplémentaire. Nous ne parlerons plus par la suite que d'Únamtila pour simplifier les choses.

L'Únamtila a donné sur Terre au sang et à l'or des valeurs inestimables. Lecteur d'Anton Parks, vous le savez, ces deux composantes font partie de la recette particulière de cette "plante de la vie"[66] qui permettait aux dieux Gina'abul de conserver leur immortalité – du moins au regard des créatures mortelles que nous sommes. Le culte du sang et le culte de l'or font partie des fondamentaux de la dimension sacrée chez de nombreuses cultures humaines, et ce, depuis leur commencement. L'or a toujours été précieux aux yeux des hommes, étant associé au prestige, au pouvoir ou encore au sacré. Quant au sang, il était l'élément inévitable dans toute préparation-potion magico-religieuse se voulant efficace. Partout l'or était le métal le plus précieux, devançant des métaux moins nobles comme l'argent, le cuivre ou le bronze. De l'Islande au Japon en passant par la Méso-Amérique ou l'Égypte, l'or est le métal de la royauté et du divin, une certaine forme de matérialisation de la lumière solaire. Le sang, symbole de vie et de mort, est souvent présent à ces deux instants du parcours de l'homme sur Terre. Sa couleur est empruntée et associée à des fruits (pomme ou grenade) que l'on utilisait en mythologie pour désigner la résurrection. Associés, ils forment une potion interdite aux hommes puisqu'elle permettrait à sa conscience de transcender la réalité, de comprendre l'impalpable, d'étendre l'entendement. Dans la langue sumérienne, la particule ÚŠ servait à désigner le sang et que son homophone UŠ$_{11}$ désignait la magie, un charme et un poison. N'oublions pas que le sang des Amašutum pouvait agir tant comme un poison que comme un remède ! Anton Parks rappelle également qu'en 2007, une étude scientifique a démontré que le sang menstruel contenait de super-cellules capables de se multiplier beaucoup plus rapidement que les cellules souches.[67]

L'essayiste américaine Vicki Noble a rassemblé il y a déjà 30 ans (1986) suffisamment d'éléments pour prouver que le

---

[66] Anton Parks, *Le Secret des Étoiles Sombres*, op. cit., pp. 96, 155, 182, 203.
[67] Ibidem, page 340.

protochamanisme était une affaire de femmes. Sa pratique rituelle impliquait l'utilisation de sang menstruel plutôt que du sang sacrificiel, plaçant ainsi la femme au centre de l'art magique et de la guérison. Lisons ci-après des extraits choisis d'un article qu'elle a rédigé pour le magazine *Shaman's Drum* :[68] "*Selon des chercheurs comme Geoffrey Ashe et Lawrence Durdin-Robertson, le chamanisme ancien était avant tout une affaire de femmes.*[69] *Cela va fortement à l'encontre de la pensée d'aujourd'hui. Pourtant, les preuves archéologiques m'ont convaincu que la pratique chamanique d'utiliser le sang lors de cérémonies rituelles a émergé du passé le plus ancien, quand les femmes étaient les praticiennes sacrées de l'art magique de la guérison, et quand les principales substances qu'elles utilisaient dans leur travail étaient le sang menstruel et le sang de l'accouchement, qu'elles épanchaient sans sacrifice. La connexion entre les femmes, le sang et les cycles lunaires est assez évidente. Et la connexion entre le chamanisme et la Lune (force nocturne) est incontestable. Mais le lien entre les femmes et le chamanisme est enterré dans le passé ancien, interprété à travers les paradigmes contemporains qui excluent systématiquement l'hypothèse que des femmes aient eu l'autorité spirituelle ou le pouvoir.*

Pour cette raison, les spécialistes qui analysent les productions culturelles en font une lecture faussée. Une erreur scientifique terrible est de séparer ces manifestations en deux groupes distincts, habituellement identifiés comme le "chamanisme" et la "fécondité". Cela sépare commodément les activités des hommes et des femmes dans les compartiments qui correspondent confortablement à nos propres divisions des rôles sexuels. Les chercheurs qui examinent les grottes de l'ancienne Europe ont donc dit qu'il y a le "chamanisme" d'une part, lié aux chasseurs-cueilleurs et pratiqué par les hommes en relation avec les dieux, et les "cultes de la fertilité" d'autre part, liés aux femmes et à leurs mystères biologiques. Tous les motifs liés au chamanisme ou à la sorcellerie – tels que l'envol de l'âme, des images d'oiseaux, des phénomènes de transe, la pratique de la guérison, la magie et

---

[68] *Accouchement, sang menstruel et chamanisme*, Vicki Noble (traduction de Alain Boudet) in *Shaman's Drum*, Oregon, USA, 1986.
[69] Geoffrey Ashe, *Ancient Wisdom*, Éd. Abacus Books, 1979.

l'utilisation du sacrifice par le sang pour obtenir le pouvoir – sont attribués aux hommes et à l'initiation masculine ou aux rites de chasse. Tous les autres symboles – principalement les vulves, les statues de femmes nues, et les Déesses enceintes taillées dans la roche -sont, au mieux, relégués à la religion (inférieure) de la Grande Mère. (Au pire, ils ne sont même pas considérés comme religieux !)

Notre aveuglement à l'intégralité des motifs anciens (en Europe et ailleurs) vient de notre tendance moderne à séparer les hommes des femmes, et la terre du ciel. Les cultes soi-disant de fertilité nous font l'effet d'une religion vouée à la terre ; les pratiques chamaniques semblent se rapporter au ciel. Mais comme je l'ai mentionné dans l'introduction de Mother-Peace : A way to the Goddess, <u>*les images les plus anciennes découvertes à ce jour proviennent de la grotte de Pech-Merle en France.*</u>[70] *Ce sont des* <u>*images de femmes – enceintes, en train de danser, en extase – dessinées à la main dans l'argile humide du plafond, avec des stalactites à proximité, peints pour ressembler à des seins.*</u> *Les personnages eux-mêmes ont des seins lourds et pendants, ce qui les identifie à l'archétype de la "mère nourricière". Ils ne sont toutefois pas seuls, mais dansent avec tous les animaux ; et ce ne sont pas seulement des humains, mais aussi des hybrides, avec des têtes et des ailes d'oiseau (parfois sans tête). Cela les relie à la transformation et à l'envol de l'âme, les motifs mythiques du chaman.* <u>*Sans aucun doute, ces personnages sont à la fois chamaniques et biologiquement fertiles.*</u>

<u>*Marija Gimbutas a clairement montré que l'ancienne Déesse Mère était l'oiseau, le serpent, l'âme qui prend son envol et la guérisseuse ; elle était également celle qui donne naissance, qui vit sa sexualité et qui dispense des soins nourriciers.*</u>[71] *Les personnages de femme / oiseau aquatique qui sont prédominants, non seulement en Europe mais d'autres endroits, ont été abusivement relégués au rôle d'objets sexuels par certains*

---

[70] Vicki Noble, Motherpeace : A Way to the Goddess through Myth, Art & Tarot, Éd. San Francisco : Harper & Row, 1983.
[71] Marija Gimbutas, *The Goddesses and Gods of Old Europe : Myths and Cult Images*, Éd. University of California Press, 1982.

chercheurs contemporains masculins.

Gimbutas cite des archéologues qui prétendent que les images féminines omniprésentes de l'Europe paléolithique, avec leurs gros seins et/ou leurs grosses fesses, avec leurs vulves fortement marquées, ont été faites par des artistes anciens masculins qui aimaient toucher les zones érogènes charnues des femmes pendant leurs "jeux de mains amoureux" (sic !).[72] Si, au lieu de cela, on recherche les évocations du sacré, elles sont toujours parlantes. Comme le souligne Gimbutas, "ce sont les seins de la Déesse Oiseau en tant que source sacrée de lait/vie et symbolisation des concepts de nourriture et d'abondance qui ont occupé les artistes préhistoriques." Beaucoup de féministes ont souligné que c'était presque certainement des artistes femmes qui ont sculpté et peint les personnages anciens de femmes "à leur propre image". Les anciennes femmes oiseaux aquatiques, avec l'œuf cosmique dans leurs fesses exagérées, représentent la Mère du Tout. L'oiseau aquatique est également associé chamaniquement au symbole de la capacité du chaman à traverser les "trois mondes" : le monde supérieur (le ciel), celui du milieu (la terre), et celui d'en-bas (l'eau).[73] (…)

Une autre très célèbre sculpture sur l'entrée d'une caverne ancienne utilisée pour un rituel de groupe est la "Vénus de Laussel" d'environ la même période que Pech Merle (remontant peut-être à 30 000 avant J.-C., peut-être moins). Elle présente l'habituel ventre de femme enceinte, avec sa main posée sur lui ; son autre main tient en l'air une corne (symbole du croissant de lune), avec treize marques gravées dessus (les 13 mois lunaires de l'année) et peinte d'ocre rouge (symbole du sang de la vie). L'ocre rouge a également été utilisé dans les civilisations anciennes sur les corps des morts qui étaient manifestement enterrés avec cérémonie et respect. Le sang de la Déesse était la magie à travers laquelle nous entrions dans la vie ; et il représentait les bras en attente de la Mère qui nous prenaient à la fin. Le sang de la vie (la naissance) et le sang de la mort (la menstruation) appartenaient

---

[72] Marija Gimbutas, *Vulvas, Breasts and Buttocks of the Goddess Creatress*, Éd. University of California Press, 1981.
[73] Joan Halifax, *Shaman : the Wounded Healer*, Éd. Thames & Hudson, 1982.

tous les deux à la Mère de Toutes Choses, la Maîtresse des Animaux, la Dame des Bêtes. L'efficacité magique du sang est universellement reconnue. La puissance du sang des menstruations et de l'accouchement est reconnue, par exemple, dans les rites des chamans tibétains et lamas.[74]

Photographie de la Vénus de Laussel, France. Gravure datée entre -29000 et -22000. Notez la corne-croissant de lune avec les 13 marques indiquant les 13 mois lunaires.

Durdin-Robertson affirme que le premier sang à l'autel était du sang menstruel des femmes, une force "donnée de façon naturelle et vivante dans leurs cycles mensuels." Le "pouvoir de l'autel" était le "pouvoir du sang", cette substance qui "augmente la vitalité, affecte les autres mondes, et construit des formes pour les esprits ou les ombres demeurant ici, et les aide à se manifester et à communiquer." Il suggère que toute l'éthique de la religion repose sur la question de savoir où obtenir le sang nécessaire.

---

[74] Stephan Beyer, *The Cult of Tara : Magic and Ritual in Tibet*, Éd. University of California Press, 1973.

L'ancienne religion matriarcale, dit-il, l'obtenait naturellement.[75] *Lorsque cette religion a été éliminée et remplacée dans le monde entier par le patriarcat (l'institutionnalisation du Père), le sang a dû être obtenu par d'autres moyens. Des animaux et des humains ont été sacrifiés pour leur force de vie précieuse, pratique qui se perpétue encore aujourd'hui. (…)*

Le cycle menstruel représente la puissance de guérison. (…) De même que la Kundalini monte en serpentant, la puissance "rouge" ne se limite pas à la maternité. Elle représente la chaleur de guérison chamanique qui monte à travers le corps et régénère toutes les cellules. Elle apporte avec elle la capacité de faire des oracles, le pouvoir d'entendre la voix de l'esprit et de la traduire ou l'interpréter pour le bien-être de la communauté. (…) Ce pouvoir de guérison régénératrice est au cœur du chamanisme, ainsi que le système de croyances qui soutient que rien n'est incurable si vous vous connectez au niveau de son centre ou de sa source, c'est-à-dire le plan de l'esprit invisible. Les chamans voyagent hors du corps comme des oiseaux vers le monde supérieur (…) Ils quittent l'ici et maintenant et voyagent par le corps de l'âme dans les royaumes invisibles pour sauver les âmes de la maladie et de la mort. Des déesses comme Kuan Yin (Chine) ou Tara (Tibet) ou Changing Woman (Navajo) ou Ix Chel (Maya) sont toujours associées à la magie et au rituel, à la transformation et au salut. Elles sont essentiellement chamaniques, et ce sont aussi des mères qui donnent naissance, qui créent et prolongent la vie. (…) La Mère de toute Vie est la divinité appelée par les chamans du monde entier et en tout temps.

Les archéologues, lorsqu'ils sont confrontés à la puissance de la Déesse, au mieux la traitent comme la Mère des animaux à qui le chaman (homme) s'adresse pour la prier de faire sortir du gibier. Mais, en réalité, elle est la cause première, elle est la Mère de l'Univers, la Source, l'Utérus cosmique. Elle est le commencement, le centre et la fin de tout. C'est grâce à sa puissance et avec sa bénédiction que les chamans travaillent. Et c'est dans son monde que toute activité chamanique a lieu. Les

---

[75] Lawrence Durdin-Robertson, *The Cult of the Goddess*, Éd. Cesara Publications, 1974.

chamans de Sibérie et Inuits interrogés par les ethnologues du XIXe et du XXe siècle confirment ce point de vue ; même le célèbre chaman péruvien contemporain, "Eduardo le Guérisseur" admet qu'il tire sa puissance du royaume du féminin. Le travail ne peut être fait par aucun autre moyen. (…) <u>Partout dans le monde à des moments différents, les prêtres masculins ont porté des vêtements ou des seins ou des masques de femmes pour canaliser la puissance de l'énergie magique régénératrice féminine dans leurs rituels.</u> Ils ont toujours dû se procurer le sang nécessaire, afin de rendre leurs cérémonies religieuses réelles, substantielles. Le prêtre africain qui transporte le sang dans une corne à l'autel reproduit une pratique ancienne qui vient d'un temps où le sang était naturel et coulait spontanément du corps d'une prêtresse qui l'apportait elle-même sur le lieu. <u>Le chaman huichol qui reproduit la pratique traditionnelle consistant à asperger le maïs (la plante sacrée de la déesse) du sang d'un taureau ou d'un chevreuil (ses animaux sacrés dans le monde entier) participe de ce qui reste d'une ancienne activité religieuse féminine qui n'est plus conduite par des femmes.</u> Il est bien documenté que le sang menstruel a été utilisé comme engrais dans les anciennes sociétés agricoles.

<u>La séparation entre chamanisme et féminin est (ce n'est pas une coïncidence) la même que celle entre les hommes et les femmes, entre l'esprit et la matière. La fragmentation est partout caractéristique de la culture patriarcale.</u>"

Voilà qui est dit ! Robert Graves, dans sa description du mythe d'Omphale et d'Héraklès (dans lequel ce dernier se soumit en tant qu'esclavage à la première reine de Lydie, qui le travestit en femme), voit dans cet épisode une légende qui : "*se rapporte plutôt à un stade primitif de royauté sacrée qui évoluait du matriarcat au patriarcat à une époque où le roi, consort de la reine, avait le privilège d'être délégué par elle aux cérémonies et aux sacrifices – mais seulement s'il portait ses vêtements. Réveillou a montré que cet usage avait cours à Lagaš à la période sumérienne primitive et plusieurs œuvres d'art crétoises montrent des hommes vêtus d'habits féminins au cours des sacrifices – non seulement de jupes-culottes à pois, comme le sarcophage de Haghia Triada, mais même, comme une fresque du palais de Cnossos, de jupes à volants. La servitude d'Héraklès trouve son explication dans les coutumes matriarcales des indigènes de l'Afrique occidentale : à Loango, Daura et chez les Abrons, comme Briffault l'a fait remarquer, le roi est de naissance servile et dénué de pouvoir ; à Agonna, Latuka, Ubemka et ailleurs il n'y a qu'une reine, qui ne se marie pas mais qui prend des amants esclaves."*[76]

Vous l'aurez compris, le culte du sang est intimement lié aux rôles prédominants de la femme dès le Paléolithique. Des prérogatives d'un antique matriarcat sans lequel il n'était point de salut pour l'homme – au sens masculin du terme ! Est-ce là un écho de la nécessité pour les Anunna d'avoir recours au "regard de vie" des Amašutum pour leur survie sur Uraš ?

Avant de fermer cette parenthèse sur la "plante de vie" des dieux, il convient d'introduite une notion que nous développerons dans le prochain tome de *Quand les dieux foulaient la Terre ;* une notion que nous ne pouvons décemment ignorer. Je veux bien entendu parler des psychotropes. Puisque s'il est à présent convenu que le sang menstruel puis sacrificiel fut d'usage courant lors des cérémonies magico-religieuses chez nos ancêtres, nous savons pertinemment que des végétaux aux propriétés hallucinogènes permettaient de mettre en transe le chaman et/ou les participants aux rites en question. Nous n'épiloguerons pas plus avant puisque nous développerons ce sujet dans le tome 2.

***

Les mythes : allégories, archétypes ou évhémérisme ? La question est lancée. Je pense qu'aucune école ne peut définitivement s'imposer sur une autre mais il existe peut-être un cheminement qui conduit d'une explication à une autre. Admettons l'existence lointaine d'un être aux pouvoirs magiques, capable de manipuler les éléments de la nature. Cet être serait rapidement devenu un chef de clan, de village voire d'une région géographique importante. Ses exploits relatés jusqu'aux confins du monde connu seraient transmis de génération en génération même bien après la

---

[76] Robert Graves, op. cit., pp. 804-805.

mort du sorcier-souverain. Au point que celui-ci sera divinisé et inscrit dans les étoiles par le corps sacerdotal né du culte de ses pouvoirs. La mémoire collective gardera pendant longtemps la marque du fantastique des œuvres du magicien, que ses actes aient été bons ou mauvais. Ce souvenir transmis presque inconsciemment aux descendants des peuples ayant été en contact avec le roi divin se transformera au fil du temps en légende. Les faits relatés devenant pour les uns les actes d'un être tout puissant et pour les autres une fable pour ignares. Les premiers mettraient certainement sur le compte de l'ancien souverain-magicien, devenu un dieu, les déchaînements de la Nature. Les seconds renverraient ces balivernes à d'obscures explications de phénomènes tangibles mais encore difficilement explicables par les connaissances humaines du moment. Le mouvement évhémériste ne peut, à mon sens, pas être rejeté dans son entièreté puisqu'il suggère plus qu'il ne cherche à prouver. Il apporte des bases de travail qui ne feront jamais office de preuves, évidemment, mais qui nous font malgré tout emprunter des sentiers remplis d'alléchantes perspectives.

L'explication archétypale projette un autre point de vue sur la question mythologique, faisant remonter la nature du mythe jusqu'aux racines mêmes de notre inconscient. Ne sachant toujours pas aujourd'hui comment les archétypes se sont formés dans l'homme, nous pouvons tout autant pencher pour l'explication "jungienne" d'un inconscient collectif formant une espèce d'Éther "pot commun" où seraient stockés tous les souvenirs de l'humanité voire d'une mémoire génétique influencée par la conscience humaine avant d'être transmise par l'ADN... D'autres explications sont bien entendues valables ! Quant aux allégories, elles doivent représenter une bonne partie des légendes du monde antique. Songez à toutes ces conquêtes héroïques portées par des hommes athlétiques dont les missions les amènent systématiquement à éliminer des monstres principalement de nature féminine et archaïque : ne pouvons-nous pas y voir là le récit à peine voilé du remplacement des antiques cultes protoeuropéens voués au Féminin Sacré par un pouvoir patriarcal et monarchique imposé par la force tel qu'il en a été ainsi en Grèce où les prêtresses préhelléniques ont cédé leur souveraineté aux rois des invasions successives de leur territoire (Ioniens, Achéens, Doriens).

Il y a, à mon sens, et après études de nombreux mythes de diverses origines et époques, plusieurs niveaux ou types de lecture à une seule histoire : littéraire, poétique, étiologique, historique ou protohistorique, astronomique, structuraliste, symbolique, métaphysique ou allégorique. Il est certain que les couches interprétatives se sont ajoutées au fil du temps et des transmissions et réexploitations des récits. Certains mythes sont basiques et ne se lisent qu'à un seul niveau, mais cela est assez rare. La majorité d'entre eux comportent deux, trois voire quatre niveaux de lecture, apportant un peu plus de confusion aux recherches que l'on veut mener sur leur nature et leur sens ! Il faut savoir raison garder et n'écarter aucune piste tangible. Même si nous resterons plutôt dans l'optique protohistorique quant à l'interprétation que nous ferons des mythes, d'autres explications demeureront valables.

Pour preuve rapide et concrète de ce que nous avançons, prenons pour exemple le fameux mythe sumérien d'Inanna et Dumuzi. Sa réplique akkadienne reprend les mêmes personnages sous les appellations d'Ištar et Tammuz : ils seront des répliques d'autres célèbres protagonistes mythiques tels Cybèle et Attis, Aphrodite et Adonis voire Isis et Osiris. Le récit mettant en scène Inanna et Dumuzi (le couple le plus ancien de l'ensemble) n'est pas unique : il s'étale sur plusieurs mythes retrouvés sur différentes tablettes. De nombreux passages présentent des divergences ou ajouts mais l'on pourrait résumer le récit aux traits suivants :

- Inanna a pour amant le dieu de la fertilité, Dumuzi, roi et berger.
- Celui-ci est opposé au dieu des agriculteurs Enkimdu.
- Dumuzi meurt et se retrouve aux Enfers (les raisons varient : emportés par des démons, assassiné par Enlíl, emmené sur ordre d'Inanna).
- Inanna se rend dans le Monde du dessous pour rencontrer sa sœur Ereškigal (là encore les buts de sa visite divergent selon les mythes et les interprétations ; elle vient soit participer aux funérailles de Gugalanna, l'époux de sa sœur venant de décéder, soit tenter de prendre le pouvoir à cette dernière, soit

réclamer la vie de son époux).
- Inanna est faite prisonnière par sa sœur au sein des Enfers.
- L'absence d'Inanna et/ou de Dumuzi rend l'univers infécond, les animaux cessent de se reproduire et les plantes ne poussent plus.
- Inanna est libérée des Enfers au bout d'un certain temps.
- Dumuzi est recherché par son épouse et sa sœur – Geštinanna – et/ou sa mère Ninsun/Ninsumun (ou Surtur ou Sirtur ou Duttur). Nous verrons dans l'analyse des mythes que ces fonctions épouse – sœur – mère ont tendance à se confondre.
- Des lamentations rituelles accompagnent la disparition du dieu-roi de la fertilité.
- Geštinanna et Inanna prennent chacune la place de Dumuzi aux Enfers un tiers de l'année, ce dernier ressuscitant au printemps.
- La résurrection de Dumuzi donne lieu à un rituel célébrant la renaissance de la nature : Mariage ou union sacrée entre le dieu et son épouse Inanna.

Voici à présent les différents niveaux de lecture offerts par ce mythe quasi universellement présent dans le monde antique.

Interprétations	Descriptions
Sociopolitique, protohistorique	Basculement d'une culture matrilinéaire basée sur un mode de vie pastoral vers une société basée sur l'agriculture et patriarcale
Naturiste	Marqueurs des changements de saison (Printemps/Été – Hiver)
Ritualiste	Mariage sacré garantissant le renouveau de la nature et la fertilité permanente du monde
Psychanalytique/Psychologique	Rôles flous et complexes entre la mère, la sœur et l'épouse. Opposition culpabilité / volonté de rédemption
Mystique/Métaphysique	Descente de l'âme dans la matière (ou aux Enfers). Ascension de l'âme vers les cieux ou résurrection de l'âme
Chamanique/Initiatique	Les prêtres-rois de l'Antiquité recherchaient le renouvellement d'une force usée dans la mort initiatique et symbolique opérée sous l'emprise de composés hallucinogènes
"Parksienne"	Meurtre de Dumuzi-Osiris (dieu civilisateur ayant développé l'agriculture, époux et frère d'Isis-Ereškigal / amant de Nephtys-Inanna) tué par Enlíl-Seth. Lamentations d'Isis-Ereškigal et Nephtys-Inanna. Rituel de "descente aux Enfers" pour Nephtys-Inanna imposé par sa sœur. Résurrection d'Osiris en Horus (Dumuzi(1) en Dumuzi(2))

Il n'existera jamais un unique angle de vue d'un récit mythologique. C'est aussi cela qui rend un corpus mythologique riche et passionnant à plus d'un titre. Nous verrons que les événements – et leurs analyses – retranscrits par Anton Parks dans ses ouvrages permettent de relier les mythes tels ceux de Dumuzi/Tammuz – Osiris – Adonis – Attis – Dionysos pour en donner un ensemble cohérent. Il est tout à fait envisageable qu'un événement protohistorique, voire largement préhistorique (interprétation "parksienne") ait évolué selon les époques, les lieux, les volontés de récupération politico-religieuse en une forme plus littéraire/poétique, aux interprétations plus vastes laissant la part belle aux angles psychanalytique et naturaliste dont sont friands les chercheurs modernes.

Quelle que soit l'origine première des mythes grecs, ils ont construit notre pensée occidentale : de la sociologie à la psychanalyse en passant par l'architecture, la politique et l'art, ils sont omniprésents dans notre quotidien sans que nous ne sachions les voir ou nous en souvenir. Ils sont notre héritage provenant des fins fonds de l'histoire... et de la protohistoire (comme nous allons le voir). Ont-ils pu déborder un jour de notre continent européen ? Cela paraîtrait de prime abord assez insensé... et pourtant certaines légendes qui nous semblent être nées et s'être éteintes en Grèce antique pourraient avoir été transmises à travers le temps et l'espace sur des échelles que nous n'aurions pas jugées recevables il y a encore peu de temps au regard de nos connaissances anthropologiques et archéologiques.

3 -La Généalogie des Mythes

Après nous être penchés rapidement sur la nature et le sens du mythe, attardons-nous à présent sur les transmissions possible de celui-ci. De récentes recherches ont créé un certain remous dans le monde de l'anthropologie. Deux anthropologues français (J. d'Huy et J.-L. Le Quellec) ont appliqué à des familles, à des groupes de mythes des algorithmes utilisés par les biologistes pour bâtir les arbres de parentés entre espèces du vivant (méthodes phylogénétiques). Il a ainsi été possible d'établir des arbres généalogiques en isolant les traits caractéristiques des divers mythes d'une même famille. L'analyse qui en ressort est surprenante : nous pouvons retracer les mutations d'un mythe au travers du temps et des peuples et parfois faire remonter celui-ci jusqu'à la préhistoire !

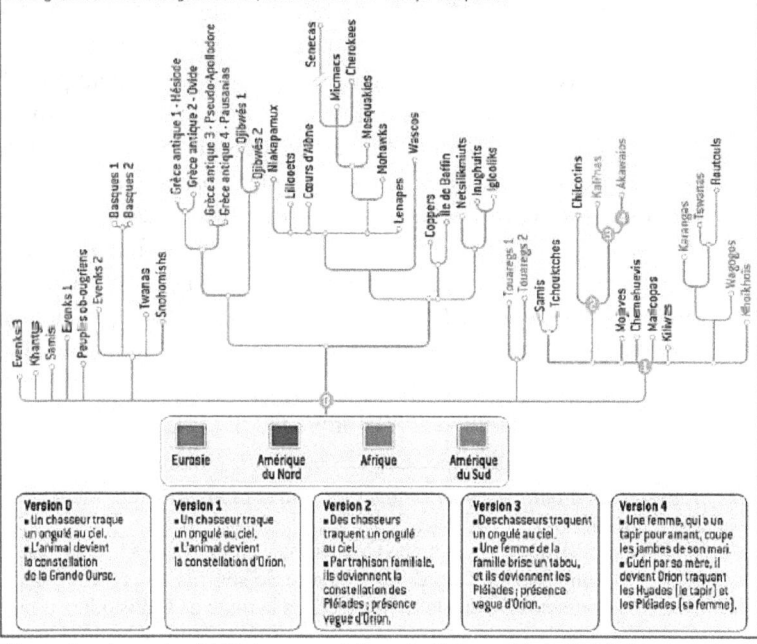

Illustration issue du n°442 du mensuel Pour La Science (Août 2014) dont ce sous-chapitre s'est largement inspiré.

Julien d'Huy, l'anthropologue à l'origine de cette reconstitution phylogénétique des mythes,[77] a ainsi isolé plusieurs mythes

---

[77] J. d'Huy et J.-L. Le Quellec, *Comment reconstruire la préhistoire des mythes ?*

majeurs en familles de mythes. Ceux-ci se retrouvent bien entendu dans le corpus mythologique qui nous occupe : le mythe de Callisto[78] (classé dans la famille dite de la Chasse Cosmique), celui de type Pygmalion[79] et celui de type Polyphème.[80] Ces histoires appartenant à des familles de mythes possèdent des variantes dans les mythologies du monde entier : Europe, Asie, Afrique et même Amériques. Ces diffusions planétaires auraient été permises par les vagues migratoires humaines débutées il y a des dizaines de milliers d'années – en partant d'Afrique de l'Est. Devant ce constat d'universalité de certains récits mythologiques, d'Huy a appliqué aux diverses versions d'une même famille de mythes les méthodes phylogénétiques des biologistes afin de relier les versions successives et de bâtir des arbres de parenté retraçant l'évolution des mythes dans l'espace et le temps. Pour établir les relations de parenté entre les mythes de chaque famille, le chercheur réduit chaque mythe en une série de phrases les plus courtes possible appelées "mythèmes". Exemples : "un héros est pris au piège" ou "un héros chasse un animal". En regroupant les phrases utilisées, des critères associés ont été définis pour chacune des grandes familles de mythes. Certains critères étant propres à une ou deux versions, d'autres à l'intégralité des récits mythologiques. Chaque version au sein d'une famille peut dès lors être définie par une liste de caractères spécifiques (comme pour les gènes). La présence (codée 1) ou l'absence (codée 0) de tel ou tel mythème pour chaque version du mythe permettant alors d'obtenir les lignes de code ou "code mythique" des versions. En appliquant à ces séquences binaires les algorithmes statistiques des phylogénéticiens, d'Huy

---

Applications d'outils phylogénétiques à une tradition orale, Éd. Matériologiques, 2014, pp. 145-186.

[78] Suivante d'Artémis, la nymphe Callisto fit vœu de chasteté. Mais Zeus s'éprit d'elle et la mit enceinte. Après la naissance de son fils Arcas, Héra changea la nymphe en ourse. Devenu adulte Arcas croisa la route de Callisto lors d'une partie de chasse. Il ne la reconnut pas et la tua. Zeus plaça la nymphe dans le ciel ; elle devint la constellation de la Grande Ourse.

[79] Pygmalion, sculpteur et roi de Chypre, rongé par la solitude, se sculpta une compagne d'ivoire dont il tomba amoureux. Aphrodite donna vie à son œuvre afin qu'elle partage la vie du souverain.

[80] Polyphème est un cyclope faisant prisonnier dans une grotte Ulysse et ses compagnons. Pour se libérer de l'emprise du monstre, le héros crèvera l'œil de Polyphème et se dissimulera sous le ventre des moutons du cyclope, s'échappant ainsi de la grotte avec ses ingénieux compagnons.

et son équipe ont pu comparer les versions et coucher sur papier les fameux arbres de filiation. Ces arbres reflètent ainsi l'histoire du peuplement de la planète par les hommes modernes et démontrent s'il en fallait une preuve que plus on s'éloigne de l'origine d'un mythe dans le temps, plus le récit se transforme tout en s'adaptant au contexte local. Nous pouvons ainsi constater dans l'arbre phylogénétique reproduit plus haut que le mythe de type Chasse Cosmique est né au Paléolithique supérieur (plus loin que ne permet de remonter aujourd'hui la linguistique comparée) et a muté à chaque changement de population.

D'Huy confirme que la diffusion de ces récits ne peut s'expliquer par une structure psychique universelle puisque ces types de mythes ne sont pas présents chez tous les peuples de la Terre : la Chasse Cosmique est absente d'Australie et d'Indonésie, par exemple.

L'anthropologue place même, à l'aide de ces outils, la naissance de certains types de mythes à une période antéglaciaire ! En outre les arbres de parentés obtenus du même acabit que celui de la Chasse Cosmique présentent une progression géographique cohérente, en accord avec les schémas admis des migrations de l'Homo Sapiens depuis 100 000 ans et sa sortie d'Afrique.

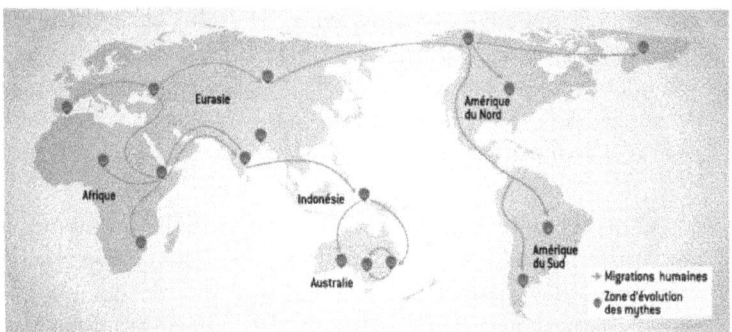

Illustration issue du n°442 du mensuel Pour La Science *(Août 2014). Nous avons vu plus haut que la recherche génétique sur les haplogroupes permet de confirmer ce scénario migratoire d'Homo Sapiens.*

Bien que soumises à interprétations, les conclusions de d'Huy et Le Quellec permettent au moins de montrer que les mythes migrent sans altération majeure avec les populations humaines et se sont transmis par voie orale pendant des millénaires. Les mythes font donc également partie de notre précieux héritage au même titre que tous les autres domaines techniques, artistiques et sociaux nous venant de la Grèce antique. Les prosateurs grecs n'avaient sans doute pas conscience que certaines de leurs histoires prenaient source des milliers d'années en arrière et avait traversé depuis longtemps les frontières du monde connu. Dénigrer aujourd'hui le mythe revient à galvauder notre passé puisque comme le dit si bien Julien d'Huy : "*la mythologie a une permanence historique qui en fait la gardienne de notre histoire.*"

Notons que l'auteur québécois André Lefebvre a développé l'interprétation selon laquelle le mythe sumérien *Ninurta et les pierres* traduisait une situation historico-géologique de la région mésopotamienne précédant le début de la dernière déglaciation.[81] Le mythe évoque effectivement une époque où les dieux n'ont pas créé les hommes, que l'agriculture n'a pas encore été inventée et pendant laquelle la glace s'accumulait partout sur le territoire. Lorsque s'amorce la fonte des glaces, cela entraîne la destruction dans les montagnes ; les dieux sont alors contraints de construire un barrage. Les terres sont marécageuses et l'Euphrate est absent du décor : le Tigre étant le seul fleuve cité dans le mythe. C'est une interprétation audacieuse, mais extrêmement pertinente qu'il faut mettre en perspective avec les travaux de d'Huy et Le Quellec mais également avec les mythes du Déluge traités dans le tome 3 qui nous décriront de leur côté les catastrophes engendrées par la fin de la période glaciaire de Würm ; si ces mythes ne décrivent pas des événements plus lointains dans le temps (et l'espace)…

À travers cette rapide approche généalogique du mythe, nous pouvons sans effort invalider l'un des plus anciens contre-arguments des détracteurs de Parks, à savoir que les récits préhistoriques, quasi légendaires, inscrits pour la première fois sur les tablettes d'argile des Sumériens ne pouvaient "décemment" décrire des événements se perdant dans la nuit des temps comme l'auteur des *Chroniques* l'affirme depuis 2005. Les inscriptions

---

[81] http://www.les7duquebec.com/7-au-front/les-dieux-nous-renseignent-sur-la-fonte-des-glaciers/

cunéiformes ne pouvant, selon ces détracteurs, transcrire que des événements contemporains ou de mémoire d'homme ; balayant d'un revers de main les déclarations des Hopis d'Amérique affirmant posséder des traditions orales multimillénaires (80 000 ans selon eux) ou les rédacteurs des Védas de l'Inde antique qui ont couché leurs connaissances à l'écrit après en avoir assuré la diffusion oralement durant des millénaires.

L'argument ne tient plus : la Science vient d'entamer la démonstration que des récits peuvent survivre sans support écrit à des dizaines de milliers d'années de pérégrinations humaines tout en ne subissant que quelques altérations d'importance plus ou moins certaine. Notons enfin que cette étude met aussi fortement à mal l'interprétation psychanalytique et/ou archétypique des mythes.

4 - Retour sur les Chroniques du Ğírkù

Après avoir essayé, sans exhaustivité, de comprendre comment les mythes sont arrivés jusqu'à nous et ce qu'ils voudraient parfois nous dire, nous allons revenir sur les *Chroniques du Ğírkù*. Malgré la foule d'explications que peut avoir un récit mythologique, nous nous baserons principalement sur les "souvenirs" d'Anton Parks et mettrons en exergue les corrélations qui ressortent de notre étude. L'angle d'approche sera majoritairement néo-évhémériste. Ce parti-pris ne manquera pas d'être critiqué par les détracteurs de Parks ! Beaucoup de protagonistes intéressants au regard des travaux de l'auteur des *Chroniques* sont décrites dans la mythologie gréco-romaine. Toutefois, avant de nous plonger dans le vif du sujet, replaçons les figures grecques dans leurs fonctions mythologiques et comparons-les à leurs proches homologues de Rome antique, d'Étrurie, d'ancienne Mésopotamie, d'Anatolie et d'Égypte. Nous serons amenés à parler des différentes appellations de ces divinités identifiées sous divers pseudonymes en fonction de leur position géographique. Nombre de ces divinités ne seront pas traitées et/ou citées dans le cadre de nos essais mais il convenait d'établir les parallèles existant entre les différents corpus.

Dieu grec	Équivalent latin	Équivalent étrusque	Équivalent mésopotamien	Équivalent hittite	Équivalent égyptien	Fonctions générales
Zeus	Jupiter	Tins / Tinia	An / Anu	Alalu / Ellel	Atum / Amon	Roi des dieux et maître des Cieux
Zeus	Jupiter		Iškur / Adad	Tešub / Sutekh	Seth	Dieu de l'orage et des tempêtes
Héra	Junon	Uni	Nimmaḫ / Ninḫursag̃	Arinniti	Selkit / Nut	Déesse des Hauteurs (montagnes, lumière, ciel)
Héphaïstos	Vulcain	Velch	Girra / Gibil	Hasameli	Ptah	Dieu du feu, des métaux et des artisans
Aphrodite	Vénus	Turan	Inanna / Ištar	Išara / Šauška	Hathor+Nephtys	Déesse de l'amour, de la beauté et de la fécondité
Poséidon	Neptune	Nethuns	Enki / Éa	A'as / Aruna	Khnum+Sobek	Dieu des profondeurs et/ou de l'eau
Hermès	Mercure	Turms	Nabû	Kašku (?)	Thot	Dieu du commerce, de la communication et du savoir
Arès	Mars	Laran	Enlil+Ninurta Marduk(1)	Wurrukatte	Seth	Dieu de la destruction et de la guerre
Hadès	Pluton	Aita	Gugalanna	Tilla (?) / Halki	Osiris	Dieu de la mort. Roi du monde souterrain
Artémis	Diane	Aritimi	Ninsun / Geštinanna	Inara / Kamrusepa	Isis	Déesse de la Lune, de la nuit, associée aux animaux sauvages et domestiques (vache), à la magie, à la fertilité
Perséphone	Proserpine	Persiphnai	Ereškigal / Allatu	Lelwani	Isis	Reine du monde souterrain, déesse de la végétation
Déméter	Cérès	Maris	Nisaba-Nidaba	Kait	Isis	Déesse du blé, de l'agriculture, de la fertilité
Apollon	Phébus	Apulu / Aplu	Utu + Nergal / Erra	Jarri	Horus	Dieu de la lumière, de l'ordre, des fléaux
Athéna	Minerve	Menrva			Neith	Déesse de la sagesse, des arts et de la guerre
Dionysos	Bacchus	Fufluns	Dumuzi / Tammuz	Telepinu	Osiris	Dieu de la vigne, des festivités, de la régénération
Hélios	Sol	Usil	Utu / Šamaš	Istanu	Râ (Rê)	Dieu du Soleil
Héraklès	Hercule	Herclé	Gilgameš	Sandas-Sandan	Horus	Dieu ou demi-dieu guerrier associé au Soleil
Gaïa	Tellus		Aruru / Namnu	Ḫannaḫannah / Ḫebat	Mut	Déesse-Mère

Il manque bien entendu beaucoup de prestigieuses déités dans cette liste incomplète. Ces associations seront développées et justifiées, lorsque cela sera nécessaire ; la majorité d'entre elles étant d'ores et déjà évidentes ou entendues.

La marque de la Grande-Déesse ou de la Déesse-Mère se sentira dans de nombreux passages. De même que dans les *Chroniques du Ğírkù* les Mušidim-Gina'abul sont organisés en société matrilinéaire, les mythes grecs témoignent à leur tour d'une omniprésence de la figure maternelle suprême des origines dont le statut et les prérogatives se transmettent de génération en génération. Dans les récits de Parks nous retrouvons cette succession de souveraines :

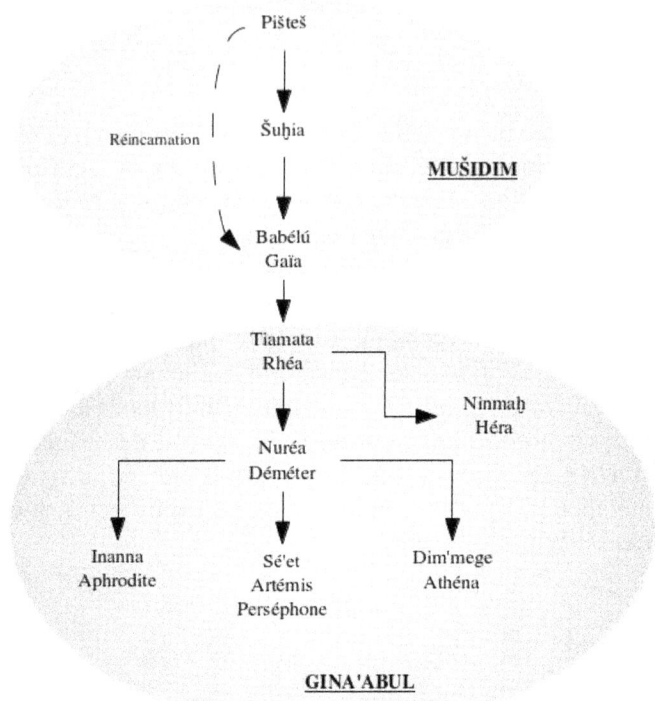

Nous avons mis en parallèle les noms de certains protagonistes des *Chroniques* avec leurs avatars de la mythologie grecque (identifiés tout au long de notre étude). Toutes ces déités – et bien d'autres ! – peuvent se prévaloir de porter l'attribution de "Déesse-Mère" ou "Grande-Déesse" voire de "Terre-Mère" (comme Gaïa / Déméter). Bien entendu, après le déferlement des peuplades indo-européennes sur le territoire qui deviendra la Grèce, accompagnant la coutume progressive mais généralisée d'une filiation par le père, ces déesses premières furent reléguées au second plan. Les déesses de la vie, de la fertilité, de l'agriculture seraient à présent au service de dieux irrévérencieux, inflexibles, irascibles et conquérants qui enlèvent et violent mortelles et immortelles au gré de leurs envies. Ce changement vers un système patriarcal est même inscrit dans la langue grecque, ainsi Πόσις / *pósis* qui signifiait à l'origine "maître", deviendra la définition de "l'époux" ; dans la même logique δάμαρ / *damar* qui désignait "domptée" se transforme en "épouse" ! Cette modification brutale des mœurs a bien entendu eu lieu partout où le Féminin Sacré était célébré. Ainsi dans l'*Épopée de Gilgameš*, l'on peut lire que le rôle de – l'arrogant – Marduk en tant que Démiurge-Créateur (nous détaillerons ce point lorsque nous évoquerons le récit de l'*Enūma Eliš* dans le tome 3) est remis en cause ; Aruru, la "*Mère Lumineuse du Vide*" qui a créé toute chose, étant réhabilitée légitimement dans ses fonctions.[82] Cette *Aruru* est, vous vous en doutez, une image de Barbélú, qui sera Gaïa chez les Grecs ou encore Mut chez les Égyptiens. Ses prérogatives sont d'importance majeure puisqu'elle est la Mère de Tout, en charge des premiers dieux, mais sa présence est antique, distante, parcellaire et les hommes, dans les mythes qui nous occupent, n'en ont gardé qu'un souvenir très ténu. Elle se reflétera, en revanche, abondamment dans sa descendance féminine, celle-ci reprenant son flambeau jusqu'à de lointaines générations. Nous développerons les aspects les plus prégnants de Barbélú-Gaïa dans le dossier consacré à Déméter – dans le tome 2 –, le dernier grand épigone de la Mère des Origines, mais ne manquerons pas de signaler la présence des caractéristiques de la Grande-Déesse chez ses diverses filles-héritières manifestées sous les identités d'Artémis, de Perséphone, d'Athéna ou encore d'Aphrodite (dossiers du chapitre IV).

Un autre motif mythologique sera récurrent, celui de la disparition (souvent par assassinat) du frère-époux de la Grande-Déesse suivi de la mise au monde par cette dernière d'un héritier portant le legs ou l'esprit du père disparu. Cet héritier sera un bel enfant (ou jeune homme) au teint lumineux avant de devenir parfois, selon les traditions, un héros vengeur voire un régent de caractère juste et altruiste, prototype des prêtres-rois de l'Antiquité.

***

Voici à présent la liste des quatorze divinités principales (dites

---

[82] Robert Graves, op. cit., page 49.

"olympiennes") sur lesquelles nous reviendrons régulièrement.

Douze d'entre elles figurent les six dieux et six déesses principales divinités olympiennes. Déméter et Hestia ne font généralement pas partie de l'assemblée des douze. Dans tous les cas nous allons voir que les Grecs anciens ont – à l'instar des anciens Mésopotamiens et Égyptiens – fusionné et scindé un certain nombre de personnages majeurs évoqués dans les *Chroniques du Ǧírkù*. Ce qui, au final, portera à onze la liste de ces quatorze divinités olympiennes. Ce nombre n'est pas anodin et nous y reviendrons plus loin.

Je ne suis bien entendu pas le seul ni le premier à avoir remarqué le phénomène de "fusion, scission et assimilation" de divinités. Charles Clermont-Ganneau avait déclaré en son temps :

"Ces sortes de dédoublements mythologiques sont loin d'être rares ; que de divinités n'ont d'autre origine qu'un épisode du rôle général joué par une autre divinité, parfois même qu'une simple épithète de cette divinité ! Ce sont comme autant de boutures qui deviennent arbres à leur tour. Ici il y a, en outre, ce fait, que nous sommes en présence de mythologies distinctes, de peuples différents, et que ces boutures transplantées ont pris racine en terres étrangères.

Les emprunts, les transmissions et les assimilations (souvent superficielles et enfantines) ont donné lieu à de nouvelles complications."[83]

Sans plus attendre voici les principales associations entre les divinités grecques et leurs équivalents suméro-akkado-babyloniennes d'une part et égyptiennes d'autre part :

1- Aphrodite : Inanna-Ištar / Nebet Hut-Nephtys
2- Apollon : Marduk(2)-Nergal / Râ'af-Heru Horus + Hé-er / Her-Râ Horus L'Aîné

---

[83] Ch. Clermont-Ganneau, *Horus et Saint-Georges*, extrait de la *Revue Archéologique*, 1977.

3- Arès : Enlíl-Marduk(1) / Šeteš-Seth-Apophys(2) + Maš-Ninurta
4- Artémis : Sé'et-Ereškigal / Aset Isis-Hator
5- Athéna : Dìm'mege-Lilti-Lilith / Neith + Sé'et-Ereškigal / Aset Isis-Hator
6- Déméter : Nammu-Damkina-Nidaba / Nut-Apophys(1) + Sé'et-Ereškigal / Aset Isis-Hator
7- Dionysos : Âme de Sa'am-Nudímud-Enki-Éa / Ptah-Asar-Osiris + Marduk(2)-Nergal / Râ'af-Heru Horus
8- Hadès : Sa'am-Nudímmud-Enki-Éa / Ptah-Asar-Osiris
9- Héra : Ninmaḫ-Ninḫursağ / Serkit
10- Héphaïstos : Sa'am-Nudímmud-Enki-Éa / Ptah-Asar-Osiris
11- Hermès : Hudili-Zehuti-Nabū / Djehuti-Thot + Sa'am-Nudímmud-Enki-Éa / Ptah-Asar-Osiris
12- Hestia : Nammu-Mamítu-Damkina / Nut-Apophys(1)
13- Poséidon : Sa'am-Nudímmud-Enki-Éa / Ptah-Asar-Osiris
14- Zeus : An (Anu) / Atum-Râ + Enlíl-Marduk(1) / Šeteš-Seth-Apophys(2)

Nous décortiquerons – dans cet ordre précis – chaque divinité en s'attardant sur les points les plus pertinents : l'étymologie de leur dénomination en grec ancien et leur décomposition en langage matrice (Emeša) ; leurs rôles/fonctions au sein de l'Olympe et sur le monde des hommes ; leur filiation divine bien que ce point soit soumis à questionnement et les symboles et familiers les accompagnant. En effet, les Grecs n'y sont pas allés de main morte pour enjoliver leurs mythes et légendes.

La première chose qui saute aux yeux à l'énumération de cette liste comparative est l'omniprésence du protagoniste qui deviendra Asar-Osiris. Il est en effet représenté pas moins de quatre fois dans le panthéon des quatorze divinités helléniques ! Pourquoi cette multiplication des identités ? Nous y reviendrons quand nous aborderons l'histoire de ce personnage. L'autre point à retenir est la quasi-disparition de Hé'er (déité nommée Erra dans l'ancienne Mésopotamie) ou Horus l'Ancien (ancienne Égypte) de la mythologie grecque. Celui-ci a malencontreusement subi la fusion avec son homonyme Horus (fils d'Isis et d'Osiris) et deviendra du même coup l'Apollon grec. Ce dernier ayant gagné peu à peu –

dans l'histoire qui nous est contée et retranscrite par Anton Parks dans ses ouvrages – le cœur des populations humaines sur son aîné.

***

Vous pouvez déjà vous apercevoir de la scission de certains personnages en différentes déités grecques, ce qui se reproduira également en dehors des pensionnaires du Mont Olympe. Nous tenterons également d'expliquer ce phénomène dans le présent dossier.

Afin de rester cohérent et partant du principe que vous n'avez pas/plus en tête les rôles et histoires des personnages auxquels nous allons associer les dieux grecs, voici un rapide aperçu des principaux intervenants décrits dans les *Chroniques du Ğírkù*. Nous allons conserver l'ordre dans lequel nous aborderons nos divinités.

1- Aphrodite : Innin-Inanna-Ištar / Nebet Hut-Nephtys : Petite fille d'Enlíl (et fille de Nanna-Sîn et de Ningal, comme dans la mythologie mésopotamienne), le grand Šàtam[84] du pays de Kalam (Sumer) où elle est née, Inanna est la personnification même de l'audace, de la beauté, de l'arrogance et de l'ambition. Souhaitant à tout prix satisfaire ses supérieurs hiérarchiques, à commencer par son grand-père, elle n'a jamais manqué de zèle... Guerrière impitoyable, elle a conquis, assassiné et détruit au nom du pouvoir patriarcal en place. Couplé à un comportement d'amante aux multiples amours fugaces – que ce soit chez les dieux ou les humains –, elle imposait à la fois crainte et attraction physique. Après des siècles de soumission à ses pères, elle décida à changer drastiquement de voie. Et, pour se racheter de la mort d'Enki-Osiris – dont elle se sentait partiellement responsable –, de se soumettre aux rites de passage en vue de convaincre ses sœurs de son dévouement au culte de la Déesse-Mère. Elle participera de son propre chef à la résurrection d'Osiris avec Isis. Cette dernière est vue comme la sœur génétique de Innin-Inanna-Ištar / Nebet Hut-Nephtys puisque son matériel génétique fut utilisé pour créer

---

[84] Litt. "Administrateur ou gestionnaire territorial" en sumérien.

la petite-fille d'Enlíl. Elle deviendra même la nourrice du petit Horus – fils et réincarnation d'Osiris.

***

2- Apollon : Marduk(2)-Nergal / Râ'af-Heru Horus : Résurrection d'Osiris (Sa'am-Enki), Horus intervient dans l'histoire des *Chroniques* en pleine guerre intestine entre Kemet, l'Égypte, et le pays de Kalam, en partie déclenchée par l'explosion de la planète des Planificateurs Kadištu (Mulge) provoquée par Seth-Enlíl. Il naît dans la grande pyramide de Gizeh suite à un rituel magique pratiqué par Isis et Nephtys (en collaboration avec Neith et Serkit) dans le but de ramener l'âme d'Osiris dans le corps de l'enfant que porte Isis. Il est attendu comme le protecteur futur du royaume d'Égypte qu'il aura à charge d'unifier. Animé d'un esprit vengeur et conquérant, il n'aura de cesse de chasser ses ennemis : Seth-Enlíl et ses partisans Anunna. Assimilé à la planète Vénus (Mulge-Tab) – elle-même associée à la lumière et à Lucifer – venue perturber la Terre suite à l'explosion de la planète Mulge, aujourd'hui présente sous la forme de la ceinture d'astéroïdes entre Mars et Jupiter, Horus est donc associé à Lucifer, l'apporteur de lumière. Il récupérera le trône d'Égypte laissé vacant après la mort de son père Osiris et les suivants/veilleurs mortels comme divins (Shemsu/Urshu) de ce dernier lui jureront fidélité et lui accorderont la reconnaissance royale qui lui incombe.

Il perpétuera le travail de son père, à savoir protéger les peuples humains et les initier à la civilisation. Portant le double symbole du Faucon et du Phénix, il récupérera également l'un des principaux attributs d'Osiris à savoir le loup, fièrement représenté par les suivants guerriers (Shemsu) de ce dernier.

2- Apollon (Bis) : Hé-er / Her-Râ Horus L'Aîné : Personnage mystérieux s'il en est, Hé-er a été créé par Nammu-Nuréa en terre de Kemet plusieurs siècles après son arrivée sur Uraš. C'est un être albinos composé des gènes de Sa'am-Enki-Osiris, de gènes Abgal (Gina'abul de type amphibiens) ainsi que Sukkal (planificateurs à tête d'oiseau). Il deviendra l'amant de la Reine du Trône, Nuréa. Il a été élevé dans l'Abzu (Terre creuse) par Dìm'mege. Son nom en langage matrice signifie "le fructueux qui guide". Durant le grand assaut qui conduira à la destruction de l'A'amenptah/Amenti, il conduira le peuple à l'abri en terre de Kemet (Égypte) et dans le Gigal.[85] À la mort d'Osiris, Her-Râ récupérera une partie des Shemsu et Urshu[86] d'Osiris : il se constituera sa milice personnelle. Grâce à cette force armée, il deviendra le chef de la rébellion contre les Anunna dans le sud de l'Égypte. Certains de ses Shemsu fabriquent des armes dans les forges souterraines de Behutit (Edfu) pour les humains. Her-Râ, qui combat depuis longtemps, est devenu maître absolu de la guerre. Il combat sur terre et dans les airs. Il possède un palais sur l'une des quelques îles rescapées de l'engloutissement de l'A'amenptah/Amenti mais se situe la plupart du temps en mouvement dans son vaisseau. Il refuse d'accepter Horus comme la réincarnation d'Osiris, car il souhaite s'accaparer le royaume des Deux Terres. Les deux déités sont donc en conflit sur plus d'un point. Il arrive souvent sur les champs de bataille en soutien à Horus contre les forces de Seth-Enlíl, mais lorsque la situation est presque dénouée...

***

3- Arès : Enlíl-Marduk(1) / Šeteš-Seth-Apophys(2) (+ Maš-Ninurta) : Le grand Administrateur territorial (Sàtam) du pays de Kalam et maître de la colonie Gina'abul établie sur Terre, il est un clone de Enki-Osiris. Un sang mêlé créé à partir de plusieurs souches génétiques du Peuple du Serpent. Il n'est cependant en rien de comparable à ce dernier : despotique, il a longtemps eu les hommes en horreur, les considérant comme du simple bétail – abattable à loisir, ce qu'il ne manquera pas de faire au cours des millénaires que dura son règne. Réalisateur des plans bellicistes d'An-Atum-Râ (très peu présent sur Terre), il aura à cœur de poursuivre le conflit céleste qui a précipité son armée dans le

---

[85] Le réseau de tunnels présent sous le plateau de Gizeh et une partie de l'Égypte. Par ailleurs, on n'en finit plus d'élargir le mystère autour du site de Gizeh. Fin 2016 fut ainsi révélé au public qu'il existait des chambres et des couloirs superposés s'enfonçant au cœur de la grande pyramide de Khéops ! Source : http://www.futura-sciences.com/sciences/actualites/homme-deux-cavites-cachees-decouvertes-pyramide-kheops-64818/

[86] Respectivement les groupes de guerriers et veilleurs.

système solaire et de tout mettre en œuvre pour imposer l'ordre patriarcal et totalitaire des Ušumgal-Anunna sur Uraš (la Terre) : création de plusieurs races d'esclaves hominidés pour les corvées divines, politique d'expansion colonialiste et soumission des races planificatrices (Nungal, Amašutum, Ama'argi) aux textes de loi détournés, conflits perpétuels contre des membres Gina'abul déjà présents sur Terre (Kingú) et la Lune (Imdugud) bien avant l'arrivée des Anunna... etc.

Il assassina sauvagement son créateur Enki-Osiris en Égypte,[87] avec qui il était en affrontement idéologique permanent. Notamment concernant la question humaine, et les connaissances apportées à nos ancêtres par Enki-Osiris et ses suivants.

L'une de ses progénitures, engendrées par voies naturelles avec Ninmaḫ/Serkit, Maš-Ninurta deviendra un grand guerrier et le chef des armées Anunna. Enlíl a multiplié les concubines dans l'ombre de sa compagne Ninmaḫ/Serkit. Il a notamment abusé de sa position pour s'unir avec sa petite-fille Inanna (Aphrodite) et avec Sé'et, séquestrée alors sur Mars. Lors du dernier affrontement entre forces de la lumière (Horus et ses Suivants) et de l'ombre (partisans de Seth = Anunna) au pied de la grande pyramide de Gizeh, il fut vaincu et humilié par son neveu Horus, qui le laissa cependant en vie – mais en piteux état physique.

***

4- Artémis : Sé'et-Ereškigal / Aset Isis-Hator : L'âme sœur/jumelle et amante céleste d'Osiris/Horus. À l'origine Ašme/Šáran, et bien avant cela Éa'am/Pištéš – chez les Mušidim – le couple Enki/Ereškigal, Sa'am/Sé'et, Osiris(Horus)/Isis se retrouve à travers les âges et les réincarnations. Nous le retrouvons dans la mythologie grecque notamment dans les identités d'Artémis et d'Apollon, frère et sœur jumeaux. Il est à noter que si en Égypte Isis était l'amante et sœur d'Osiris, nous ne retrouvons que le rapport fraternel dans la relation Artémis/Apollon. Soit la

---

[87] Précisément à Abydos, thème largement abordé dans *La Dernière Marche des dieux*, op. cit.

relation Isis/Horus, plus platonique que passionnelle.

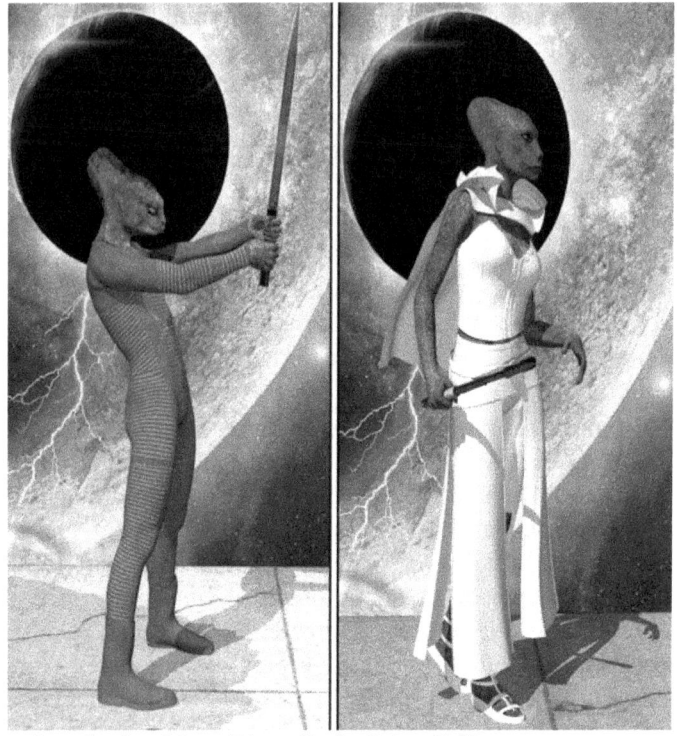

À gauche, selon les visions d'Anton Parks, Sa'am-Enki que nous retrouvons sous l'identité de plusieurs Olympiens (Hadès, Héphaïstos, Poséidon ou encore Dionysos) et à droite Sé'et alias Artémis ou Déméter (entre autres) dans notre étude. Illustrations de Frantz Lasvignes et d'Anton Parks. Source : http://www.pahanabooks.com/telechargements.php?lang=fr

À l'origine fille de Nammu-Nuréa, elle était sa principale suivante et une Santana.[88] D'où son nom en langage matrice Se'et signifiant : "le présage de la terre labourée" ou Sé'et qui signifie "présage de vie". Les Santana portaient souvent un haut trident argenté (détail qui aura son importance par la suite). Elle rencontrera très vite Sa'am-Enki après la "naissance" de ce dernier ; ils s'apporteront une aide réciproque dans leurs

---

[88] Fonction de chef de plantation, d'arboriculteur, d'horticulteur et d'herboriste chargé du jardin d'Eden et donc de l'approvisionnement en nourriture, auguste fonction des Amašutum sur la Terre.

mésaventures. Débarquée sur Terre (lors du fameux conflit céleste déjà évoqué) avec sa génitrice et Sa'am-Enki, tous deux amants à l'époque, elle se laissera progressivement envahir par un amour réciproque envers le Roi du Peuple Serpent. Séparés physiquement sur décision d'An/Atum-Râ à l'arrivée de celui-ci et de ses Anunna sur Uraš, elle sera séquestrée sur Mars alternativement par celui qui deviendra Zeus et par son bras droit Enlíl-Seth. Tuée lors d'un vol spatial puis ressuscitée par Sa'am-Enki, incapable de vivre sans son âme sœur, elle reproduira le même processus en faveur de ce dernier afin de le réincarner dans son propre utérus. Elle fera construire pour ce seul prodige la grande pyramide de Khéops ![89] Le sentiment amoureux à l'égard de son frère Enki-Osiris se prolongera à travers sa liaison incestueuse avec son fils Horus – réincarnation d'Enki-Osiris. Ce dernier aura pourtant beaucoup de mal à accepter la situation et sera l'objet des convoitises de sa tante Innin-Inanna-Ištar / Nebet Hut-Nephtys qui lui enseigne les arts militaires. Embrassant son destin à la fin du tome 3 des *Chroniques* (*Le Réveil du Phénix*), il finira par accepter Isis comme amante et attendra d'elle une paire de jumeaux.

***

5- Athéna : Dìm'mege-Lilti-Lilith / Neith : Fille de Nammu-Nuréa, Dìm'mege ("le pilier sombre" en langage matrice) qui traduit du sumérien en akkadien devient Liltù ou Lilith, est une prêtresse, Reine des Ama'argi, caste cousine de celle des Amašutum – qui se différencie d'elles par une peau plus sombre. Elle est présente sur la planète à l'arrivée des Anunna. Elle et son peuple vivent dans le centre de la Terre. D'un caractère intense mais sociable, elle devra se soumettre aux injonctions du pouvoir Ušumgal-Anunna afin de leur fournir le nécessaire à leur colonisation d'Uraš – selon le texte de loi du Mardukù. Sœur génétique de Sa'am-Enki, elle n'aura de cesse de le séduire afin de se l'accaparer sentimentalement. Elle sera un soutien indéfectible du Roi du Peuple Serpent dans son combat idéologique contre le

---

[89] Thème principal du premier essai d'Anton Parks : *Le Testament de la Vierge*, op. cit.

pouvoir patriarcal.

***

6- Déméter : Nammu-Mamítu-Damkina / Nut : Elle est Nuréa, la grande planificatrice d'Uraš, fille et héritière directe de la Reine du Trône : Tiamata. C'est une prêtresse de la Vie de haut rang qui a donné naissance et/ou participé à la création de nombreuses autres divinités : Sa'am-Enki, Enlíl, Sé'et, Dìm'mege ou encore Hé'er. Elle a "planifié" sur Terre durant des millénaires et participé à ce que la Terre devienne la bibliothèque de toutes les expressions vivantes de la Source. Un parc rassemblant toutes les espèces animales et végétales de l'univers sous l'égide des Namlú'u ("immenses êtres humains" en langage matrice), les premiers êtres humains géants de la planète qui possédaient l'ensemble du patrimoine génétique des planificateurs. Elle soumettra Sa'am-Enki à diverses cérémonies et rituels afin de lui accorder les pouvoirs et l'entendement de la Déesse-Mère afin de le sacrer Roi du Peuple Serpent. Devenue amante du souverain, elle le laissera progressivement s'éloigner d'elle pour qu'il s'unisse avec son âme sœur, la prêtresse Sé'et-Isis. Elle périra sur Mulge durant l'explosion de la planète déclenchée par Enlíl. Hé'er en créera un clone génétique dans le *Réveil du Phénix* afin de continuer à partager sa couche avec sa créatrice qu'il aime plus que tout.

***

7- Dionysos : Sa'am-Nudímmud-Enki-Éa / Ptah-Asar-Osiris : Voir Hadès.

***

8- Hadès : Sa'am-Nudímmud-Enki-Éa / Ptah-Asar-Osiris : Fils de Nammu-Nuréa et d'An, le septième des Ušumgal, réincarnation deAšme, âme sœur de Šáran-Sé'et et d'Éa'am époux de la Reine Mušidim Pištéš. Son destin sera de guider le Peuple du Serpent et d'équilibrer les polarités féminine / masculine – ombre et lumière – au sein de la famille Gina'abul. Cloneur et créateur des planificateurs Nungal, il sera précipité par An dans un conflit opposant l'armée Anunna (générée par An et Ninmaḫ) et les forces planificatrices emmenées par la Reine Tiamata. En partie Abgal,[90] Sa'am a besoin de l'élément liquide pour vivre. À cet effet, il se fera construire un Abzu[91] miniature en A'amenptah/Amenti et en terre de Kemet des temples aquatiques équivalents. Il tuera le Roi des Ušumgal, Abzu-Abba et s'accaparera son pouvoir ainsi que ses titres (notamment celui de Roi des Abzu, les mondes souterrains des planètes Gina'abul). En parallèle, les rituels initiatiques menés par Nammu-Nuréa feront de lui un allié de la Source et l'érigeront au statut de compagnon de la Reine du Trône. Arrivé sur Uraš presque par accident, en prenant la fuite avec ses Nungal, il deviendra ici-bas et contre son gré un allié du pouvoir Ušumgal-Anunna.

Il dirigera l'installation de la colonie Anunna en terre de Kalam avec l'assistance forcée des Ama'argi, Amašutum et Nungal. Contraint de créer un type d'esclave en soutien aux dieux, il lie à plusieurs reprises les génomes Gina'abul et ceux des animaux les plus évolués de l'époque : les Homo-Erectus. Plusieurs projets sont lancés puis abandonnés pour enfin arriver à l'Homo Sapiens. Être au grand cœur et rempli d'empathie, il émancipera (avec l'aide de ses soutiens Nungal et Amašutum) petit à petit et clandestinement l'humanité leur apportant : capacité de reproduction, accès à la connaissance par la sexualité sacrée, autonomie alimentaire et manufacturière…

Enfin, il codifiera les langages humains à l'aide du langage matrice uniquement connu des partisans du culte de la Déesse-Mère. Cette manipulation mettra progressivement en déroute les despotiques Anunna qui ne pourront plus communiquer avec les diverses tribus humaines sous leur commandement. Amant successif de Nammu, Sé'et puis Ninmaḫ (après la mort de Sé'et), il finira par ressusciter son aimée Sé'et sur Mulge avec l'aide des Abgal. Souverain des Abzu, de la terre de Kemet et de

---

[90] Sous-espèce amphibienne Gina'abul dont Sa'am possède certains aspects comme les mains palmées.
[91] Litt. "les Abysses" en sumérien. Soit l'intérieur de la Terre et ses eaux souterraines.

l'A'amenptah/Amenti, il régnera des milliers d'années avant de se faire assassiner en Égypte lors d'une attaque-surprise menée par Seth-Enlíl. Ce meurtre fera partie d'une grande offensive lancée par les forces Ušumgal en parallèle de l'attaque de l'A'amenptah et de la destruction de Mulge. Ses suivants guerriers, veilleurs et forgerons l'auront accompagné jusqu'au bout dans son combat. Ils s'éparpilleront après sa mort : certains deviendront des suivants de Her-Râ, d'autres des suivants d'Horus et enfin quelques-uns resteront autonomes.

Sé'et décidera de le réincarner en son sein via un processus connu de résurrection dans une pyramide : c'est la naissance d'Horus. Détail important, en terre de Kemet se trouveront des Nungal qui dans des forges souterraines fabriqueront les armes de la rébellion menée conjointement par les Nungal et les Ádam[92] (Homo Sapiens) contre le pouvoir Ušumgal-Anunna.

***

9- Héra : Ninmaḫ-Ninḫursaǧ / Serkit : Sœur de Nammu-Nuréa et fille de Tiamata, elle a mené avec An la création des guerriers Anunna. Amante de celui-ci, elle deviendra une fois sur Uraš la responsable du jardin Eden et chargée de pourvoir aux besoins alimentaires de la colonie Gina'abul. Généticienne de haute volée, elle participera à l'élaboration des différentes souches d'Ádam avec l'aide de Sa'am-Enki. Devenue la compagne d'Enlíl, elle mettra au monde par deux fois un fils : une fois de manière artificielle, la seconde par la voie naturelle. Ses deux enfants se nommeront Maš. Le premier mourra lors de la bataille d'Uraš contre les forces de la Reine Tiamata. Le second, Maš-Ninurta deviendra le bras armé de son père Enlíl. Elle demeurera la majeure partie du temps au pays de Kalam. Pendant les événements qui mettront Horus en position de leader militaire pour le Pays de Lumière, elle sera présente dans les montagnes du Taurus en charge d'un clan de Nungal un peu particulier, les Adinu.

---

[92] Litt. "les animaux" ou "le bétail" en sumérien. Notre ancienne dénomination dans la langue des dieux !

10- Héphaïstos : Sa'am-Nudímmud-Enki-Éa / Ptah-Asar-Osiris : Voir Hadès.

***

11- Hermès : Hudili-Zehuti-Nabū / Djehuti-Thot (+ Sa'am-Nudímmud-Enki-Éa / Ptah-Asar-Osiris) : Nungal créé par Sa'am-Enki, il deviendra par la suite son bras droit une fois sur Uraš. Régulièrement en transit entre l'Abzu, l'A'amenptah, le Gigal du pays de Kemet et la colonie de Kharsağ, il servira également de mandataire pour son créateur lors des réunions du conseil divin tenu régulièrement en terre de Kalam. Grand orateur et intervenant de confiance, il représentera au mieux les intérêts du culte de la Déesse-Mère. Il deviendra le commandant des Nungal et le garde du corps personnel de Sé'et ressuscitée par Sa'am-Enki-Osiris. Doté d'un esprit brillant, il sera à l'origine de bien des avancées scientifiques au service de Kemet et de l'humanité. C'est notamment grâce à ses connaissances que les Gina'abul pouvaient prédire le passage de l'astre destructeur Vénus-Mulge-Tab ou encore que les mécanismes de la grande pyramide de Khéops pouvaient s'activer.

***

12- Hestia : Nammu-Mamítu-Damkina / Nut : Voir Déméter.

***

13- Poséidon : Sa'am-Nudímmud-Enki-Éa / Ptah-Asar-Osiris : Voir Hadès.

***

14- Zeus : An (Anu) / Atum-Râ (+ Enlíl-Marduk(1) / Šeteš-Seth-Apophys (2)) : septième des Ušumgal, il est le père-créateur de Sa'am, qui est donc son clone. Il a créé ce dernier comme prototype d'une future race à venir : les Anunna. Censés devenir la prochaine armée Gina'abul, seul rempart de défense contre un ennemi qui n'a jamais existé – puisque inventé de toutes pièces par An – dans le but de servir d'alibi à la création des frères de Sa'am. An prendra une place prépondérante dans les événements à venir puisqu'en parallèle de la création des Anunna, il réactivera en secret un projet Gina'abul enterré : celui des Mušgir.[93] De véritables monstres volants, ennemis jurés des Amašutum. Le complot fomenté par le père de Sa'am capotera lorsque la Reine Tiamata et les planificateurs (Kadištu) comprendront l'objectif de l'Ušumgal : imposer un mode de filiation fondé sur une ascendance paternelle et écarter l'idéologie du Féminin Sacré au profit d'un nouveau système patriarcal au centre duquel il se placerait – bien entendu.

S'engage alors un conflit galactique qui entraînera les armées d'An, l'ensemble des Ušumgal, Sa'am, Nammu-Nuréa, Sé'et et quelques Nungal et Amašutum dans les confins du cosmos. C'est, pourchassés par les vaisseaux Kadištu et la Reine Tiamata, que les renégats arriveront dans le système solaire. Les armées Anunna descendront sur Uraš bien après l'arrivée de Sa'am, Sé'et et leurs compagnons, une fois les troupes célestes de la Reine Tiamata vaincues. C'est alors qu'ils imposèrent leur diktat à l'ensemble de leurs frères et sœurs Gina'abul. Les Anunna allaient devenir l'équivalent de dieux pour les futurs Ádam, et leur souverain An, le dieu des dieux ! Très peu présent sur Terre, il naviguera entre Mars et son vaisseau mère en orbite autour d'Uraš. Il sera en permanence représenté par son fidèle bras droit, le clone de Sa'am, Enlíl. Malgré ses désaccords avec son rejeton Sa'am-Enki, An n'aura de cesse de le protéger des velléités néfastes d'Enlíl et le respectera jusqu'à la fin pour ce qu'il était, le maître des Abzu et, surtout, sa plus belle création.

***

15- Gaïa(1) : Barbélú / Mut(1) : Personnage "surprise" car,

---

[93] Litt. "les terribles dragons" en sumérien, race Gina'abul agressive, munie d'ailes et capable de passer dans les couches inférieures de la matière.

bien entendu, non olympienne, elle hantera pourtant les pages de cette série d'essais. Il était donc essentiel d'en rappeler brièvement l'histoire.

Matriarche Sombre que l'on découvre dans *Le Livre de Nuréa*, Barbélú est une astrophysicienne Mušidim qui étudie et entretient les archives du Peuple du Serpent au sein du système solaire. Elle découvre l'histoire de Šuḫia, son ancêtre à l'origine de la souche des Matriarches Sombres, qui est à l'origine du projet Numun ; soit la création d'un gigantesque parc animalier expérimental sur la planète Dubkù (qui deviendra Uraš pour les Gina'abul). L'on découvrira qu'elle était la réincarnation de Pištéš, la première souveraine des Mušidim. À l'instar de cette dernière, elle prendra part à une mission scientifique d'importance qui, suite à un accident spatio-temporel, la fera s'échouer sur Terre dans le futur. Là, suite à quelques mésaventures décrites dans le tome 0 des *Chroniques du Ğírkù*, elle donnera naissance aux modèles des futures races Gina'abul sous l'identité de cinq enfants, dont les jumeaux Abgal primordiaux et Ía'aldabaut, le "dieu" à l'origine de la sous-race des Kingú. Barbélú reprendra également le projet Numun de Šuḫia faisant d'elle la figure gaïenne par excellence.

Ci-après, retrouvez "l'arbre généalogique des dieux" décrits par Parks :

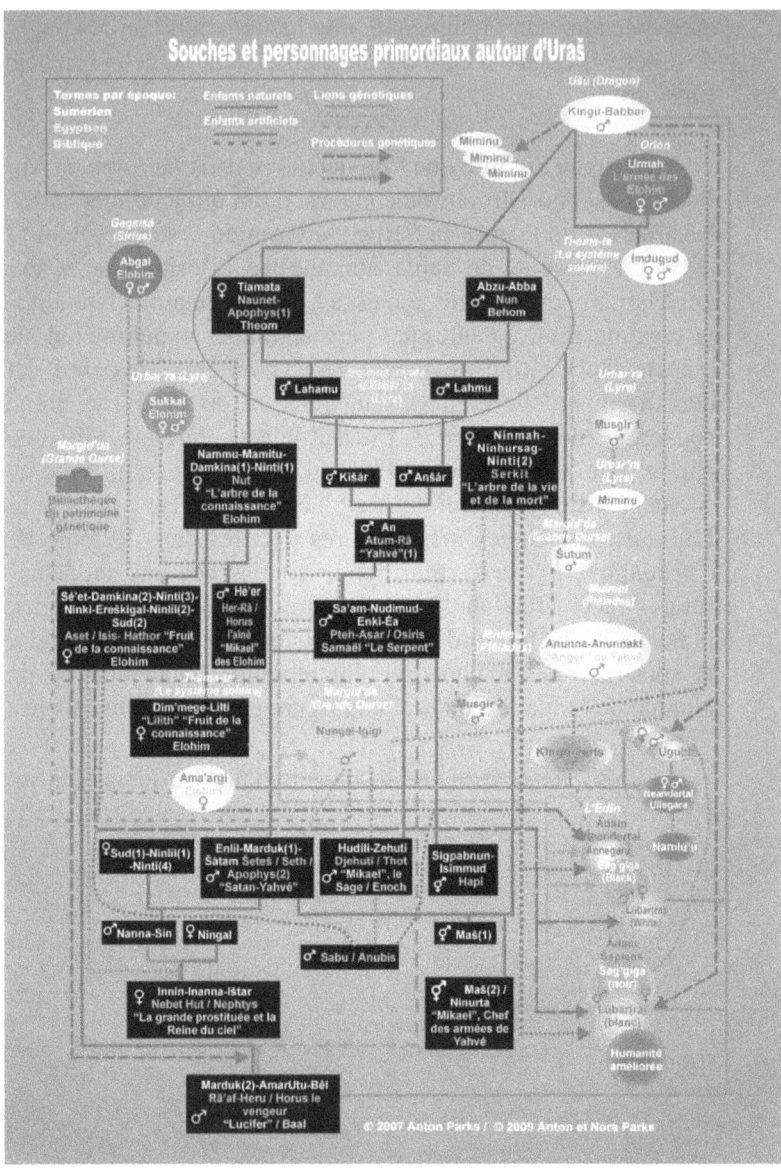

Source : Anton et Nora Parks.

CHAPITRE II

COSMOGONIES ET GÉNÉALOGIES DIVINES

Dans ce chapitre nous allons évoquer les diverses légendes de créations du monde et des dieux au travers des mythes grecs, égyptiens, hourro-hittites et babyloniens. Ces récits nous permettront de dresser les généalogies divines les plus couramment acceptées au regard des différentes traditions.

1 - L'Enūma Eliš et la Théogonie de Dunnu

> "*Lorsqu'en haut le ciel n'était pas encore nommé*
> *Qu'en bas la terre n'avait pas de nom [ils n'existaient pas],*
> *Seuls l'Apsû [l'océan d'eau douce] primordial qui engendra les dieux,*
> *Et Tiamat[la mer] qui les enfanta tous,*
> *Mêlaient leurs eaux en un tout.*
> *Nul buisson de roseaux n'était assemblé,*
> *Nulle cannaie n'était visible [la végétation n'existait pas],*
> *Alors qu'aucun des dieux n'était apparu,*
> *N'étant appelé d'un nom, ni pourvu d'un destin,*
> *En leur sein, des dieux furent créés.*"
>
> **Poème babylonien de l'Enūma Eliš**
> **(tablette I, lignes 1-10).**

La célèbre épopée babylonienne de l'*Enūma Eliš* ne nous décrit rien de moins que la création de l'Univers, immédiatement suivie par celle des dieux. Dans quasiment toutes les cosmogonies[94] du monde, il est question de ce lien inextricable entre création du Monde et manifestation du divin. Une création divine primordiale,

---

[94] De *Kosmos* (bon ordre ; convenable) et de *gonos, gignomai* (naître).

laquelle générant à son tour d'autres dieux qui à leur tour produiront la vie sous toutes ses formes. Comme si les dieux poursuivaient un principe créateur leur imposant de peupler la matière... Sans plus attendre, voici en résumé les principales lignes de l'*Enūma Eliš*.

Au début des temps, dans un chaos primordial empli de l'eau des Origines, deux principes (qu'Anton Parks identifie à des *dieux* faits de chair dans ses travaux), Apsû – l'eau douce – et Tiamat – les eaux salées – mélangèrent leurs essences. Au sein des Cieux éternels furent engendrés les deux premiers enfants de ces divinités premières : Laḫmu et Laḫamu. De ces deux nouveaux dieux naquirent Anšár et Kišár, qui surpassaient leurs aînés. Le poème précise ensuite que les jours étaient longs et qu'enfin arriva Anu, image d'Anšár, surpassant à son tour ses ascendants. Cette longueur des jours nous inspire que beaucoup de temps passât dans les Cieux avant que ne vienne au monde le futur démiurge divin An(u). Anu, incarnation du ciel, engendrera enfin Nudímmud alias Enki (chez les Sumériens) / Éa (chez les Akkadiens), qui ressemblait en tous points à son créateur à l'exception près qu'il le dépassait comme le voulait la tradition créatrice. L'entendement et la sagesse de Nudímmud sont les principaux traits de caractère qui le définissent. Il est si fort que le mythe précise qu'il surpassait sans peine Anšár, son grand-père qui semblait bénéficier d'une puissance terrifiante. C'est ainsi qu'était rassemblée au sein de Tiamat la seconde génération de dieux. La discorde éclata entre ces premiers rejetons divins, leurs clameurs résonnaient et secouaient le ciel, empêchant Apsû de trouver le sommeil. La colère montait en lui à l'encontre de cette progéniture fière et tumultueuse. Ainsi ourdit-il le projet de tuer ses enfants contre l'avis de la resplendissante Tiamat.

À l'écoute de cette conversation, Nudímmud entreprit de destituer son ascendant avant que celui-ci ne mette en pratique ses plans meurtriers. Il dévêtit ainsi Apsû de ses vêtements et s'auréola de la royauté avant d'assassiner le grand-père de son grand-père. Éa vainquit et massacra ses ennemis, les partisans d'Apsû avant de pousser un cri triomphal au-dessus de leur dépouille. Le dieu de la sagesse prit ainsi possession du domaine de l'Apsû et y fonda son temple. Nudímmud y séjourna avec son épouse Damkina et dans la chambre des destins, ils engendrèrent le plus intelligent des dieux : Marduk, lui-même supérieur à son père et aux ascendants de son père. Nous retrouvons là différents épisodes du tome 1 des *Chroniques du Ĝírkù* enrobés dans une certaine forme allégorique : la généalogie des Ušumgal (Abzu/Apsû, Laḫmu, Laḫamu, Anšár, Kišár, An) les caractères des protagonistes, le meurtre d'Abzu-Abba et de ses gardes par Enki via l'utilisation de son Ugmu[95] (le "*cri de la mort immédiate*"), sa prise de pouvoir des Abzu des mondes Gina'abul...

Le Marduk qui est décrit dans la suite du poème babylonien est le titre que portait Enlíl à l'époque de l'arrivée des renégats Anunna sur Terre. Parks explique clairement dans son essai *Éden* pourquoi Marduk est un titre et nom un patronyme divin. Il démontre également pourquoi Marduk, protagoniste tardif dans la mythologie de l'ancienne Mésopotamie et absent des anciennes tablettes à traits cosmogoniques, s'est hissé dans l'une des plus anciennes théogonies du monde antique : l'*Enūma Eliš* aurait été spécifiquement rédigé pour glorifier le grand administrateur territorial alias Enlíl, le Marduk, qui deviendra la divinité suprême de la région.[96] Béatrice André-Salvini rajoute dans son *Babylone* que Marduk a servi de "réceptacle", a permis de syncrétiser les figures divines patriarcales de son temps :[97] "*À la fin du IIe millénaire, Marduk était devenu le dieu suprême, après avoir absorbé la personnalité des divinités majeures du vieux panthéon d'origine sumérienne : An(u) le Ciel, dieu d'Uruk et roi des dieux ; Enlíl, maître de la Terre et de l'atmosphère, divinité de Nippur, le chef délégué du panthéon ; et Enki / Éa, le seigneur d'Éridu, maître des eaux souterraines et de la sagesse. La triade divine régnait sur les trois plans de l'univers. À Babylone, leur pouvoir fut unifié par Marduk, rassemblant dans son sanctuaire tous les*

---

[95] Anton Parks, *Chroniques du Ĝírkù tome 1 : Le Secret des Étoiles Sombres*, Éd. Pahana Books, 2016, page 153.
[96] Id., *Éden*, Éd. Nouvelle Terre, 2011, pp. 75-77.
[97] À notre tour nous verrons dans notre étude que dans le dieu Zeus sont syncrétisés à parts inégales les divinités mésopotamiennes An(u), Enlíl et Enki.

pouvoirs du monde."⁹⁸

Nous verrons dans le chapitre suivant que l'Égypte était par excellence le pays des triades divines.

Enfin Marduk peut être doublement considéré comme le fils d'Enki ; ses deux rejetons Enlíl (Marduk(1)) et Horus-Nergal (Marduk(2)) portant tour à tour le titre précité. Cela aura sans doute appuyé les rédacteurs de l'*Enūma Eliš* dans leur choix de faire du Marduk le descendant de Nudímmud.⁹⁹

Terminons brièvement l'épopée babylonienne : Tiamat apprit la mort de son époux et voulut le venger. Elle engendra un nouveau fils, Kingu, qui deviendra son nouveau compagnon. Elle le placera à la tête d'une armée de bêtes monstrueuses afin d'attaquer Marduk et ses partisans. Mais le fils d'Enki finira par triompher du serpent aquatique Tiamat faisant de son buste le ciel et de ses jambes la terre ferme.

***

Dans *Éden*, Anton Parks fait également référence à une théogonie plus ancienne, assez méconnue. Il s'agit du récit akkadien de la *Généalogie divine de la terre ferme* ou *Théogonie de Dunnu*. Un seul exemplaire de ce texte sur argile a été retrouvé à ce jour. La tablette est consultable sous l'appellation BM 74329 au British Museum. Ce texte d'importance va nous permettre de faire le lien entre les théogonies mésopotamiennes et grecques de l'Antiquité. De toute évidence elle décrit des événements ayant précédé ceux de l'*Enūma Eliš*. Nous allons encore une fois réduire un maximum le récit afin de ne pas alourdir cet essai et arriver rapidement au vif du sujet. Je vous propose de (re)lire *Éden* pour retirer toute la quintessence de ce texte majeur.

Voici notre synthèse : au commencement, Ḫarab ou Ḫarbu (que l'on peut traduire en "char" ou "charrue") s'unit à Ki, la Terre. Ils

---

[98] Béatrice André-Salvini, *Babylone*, Éd. PUF (Que sais-je ? 292), 2001, page 94.
[99] Anton Parks, *Éden*, op. cit., page 78.

étaient les premiers parents. Ils fondèrent une famille et établirent leur autorité. Bientôt ils cultivèrent la terre et érigèrent une forteresse – où ils trouvaient refuge – appelée Dunnu (litt. "la terre ferme") dont Ḫarab devint le souverain. De cette famille naquirent Tiamat (la Mer) et Šakkan (les bêtes sauvages). Ki (la Terre) enjoint son fils Šakkan à la rejoindre afin de s'unir à elle. Ainsi débuta le terrible cycle de prise de pouvoir par suppression des ascendants : Šakkan, se maria à Ki et tua son père Ḫarab avant d'enterrer celui-ci dans le sol de Dunnu. Ainsi Šakkan devint-il le nouveau roi du refuge divin. Il épousa par la suite Tiamat, sa sœur aînée. Ils eurent à leur tour un fils, Laḫar[100] (Mère-brebis), qui supprima "les bêtes sauvages" avant d'épouser sa génitrice. Suite à quoi Tiamat "*renversa*" sa mère la Terre. À son tour, le fils de Laḫar, épousa sa sœur Idu (la Rivière) et prit le pouvoir en tuant son père et sa mère, Tiamat. Une fois de plus, le nouveau souverain s'attribua tous les pouvoirs sur le Dunnu après avoir enterré ses ascendants directs dans le sol sacré de leur refuge. Kuš (dieu du troupeau), son fils, épousa sa propre sœur Ua-Ildak (Pâturages et Peupliers) et ils rendirent abondants les végétaux de la Terre ; pourvoyant aux besoins de toutes les créatures terrestres et aquatiques ; pourvoyant même aux besoins alimentaires des dieux… Avant que Kuš ne supprime son père et sa mère Idu comme l'exige la funeste tradition familiale. Ḫaḫarnum, fils de Kuš épousa sa sœur Bêlet-Seri pour ensuite – comme vous l'avez déjà deviné – se débarrasser de ses géniteurs et s'attribuer le pouvoir absolu sur le domaine du Dunnu. Enfin Ḫayyašum, le fils de Ḫaḫarnum et de Bêlet-Seri, après avoir épousé sa propre sœur mettra fin au cycle morbide : il ne tuera pas son père mais l'enfermera dans la prison de sa cité. Il se proclamera malgré tout souverain suprême du domaine familial !

C'est donc au bout de sept générations divines et presque autant de bains de sang que se conclut la traduction de cette tablette

---

[100] LAḪAR est parfois translitéré en GAIU. Gaiu se rapproche phonétiquement de Gaïa la déesse-Terre des anciens Grecs. Gaïa peut-elle être une déité masculine ? Rien n'est moins certain. Il est possible que le terme sumérien GAIU ait traversé les âges (Gaïa étant une très ancienne déité) mais nous pensons qu'il est plus vraisemblable que Gaïa, qui est bâti sur le grec ancien $Γῆ / G\tilde{e}$ (terre), provienne du KI sumérien qui se transformera en $G\tilde{e}$ grec.

endommagée qui ne fera pas le lien avec les déités plus récentes du panthéon de l'ancienne Mésopotamie. On suppose malgré tout que cette relation existait puisque l'on trouve les noms d'Enlíl et de Ninurta çà et là sur la deuxième face de la tablette. Avant de rappeler l'interprétation "parksienne" de ce récit, précisons que l'union du Ciel et de la Terre, outre son caractère universel, se retrouve dans un autre mythe de l'ancienne Mésopotamie, *Arbre contre Roseau* :

> *"C'est que l'Auguste Ki, la Sainte Ki,*
> *S'était faite belle pour An, le prestigieux !*
> *Et An, ce dieu sublime, enfonça son pénis*
> *En Ki spacieuse :*
> *Il lui déversa, du même coup, au vagin,*
> *La semence des vaillants Arbre et Roseau.*
> *Et, tout entière, telle une vache irréprochable,*
> *Elle se trouva imprégnée de la riche semence de An."*[101]

Nous retrouvons la même scène que celle commençant la *Généalogie divine de la terre ferme* où Ḥarab, le char céleste s'unit à la Terre avant de produire une fameuse descendance. Ici il s'agit de An(u), le dieu du ciel ou simplement le Ciel. Ce récit nous renvoie immanquablement à l'image biblique du dieu fécondant la terre en lui insufflant une haleine de vie, pour créer le premier homme.[102] Il s'agit vraisemblablement d'une deuxième "fécondation" de la planète (NDA : Lire à ce sujet le dernier essai en date d'Anton Parks : *Le Chaos des Origines*[103]) intervenant dans le temps après celle opérée par Ḥarab (dont l'enterrement peut être interprété comme une séparation entre le Ciel et la Terre), le récit de *Arbre contre Roseau* n'ayant par la suite aucun point commun avec *La Généalogie divine de la terre ferme*.

Quel est le sens de cette généalogie selon l'auteur des *Chroniques* ? Parks décompose Ḥarbu en "cercle de lumière" et Ḥarab en "le lien du père" ou "le lien de la vache", donc de la Déesse-Mère, faisant du groupe divin ou de la divinité

---

[101] Extrait du récit mythologique mésopotamien *Arbre contre Roseau*, lignes 1-6.
[102] **Genèse 2 : 7**.
[103] Anton Parks, *Le Chaos des Origines*, Éd. Pahana Books, 2016.

Ḫarab/Ḫarbu une entité sexuellement non définie. Il rapproche avec raison ce groupe des Elohim de la Bible. Le "char" (comprenez la nef céleste) du récit *La Généalogie divine de la terre ferme* sera enterré indiquant que le groupe est bloqué sur la terre ferme. La famille-autorité divine fraîchement installée engendre Šakkan, "les bêtes sauvages", à comprendre dans le sens des animaux agricoles, des Á-DAM ("bétail, troupeaux" en sumérien), d'Adam (selon la mythologie chrétienne) donc de… l'humanité ! La famille céleste s'arroge le pouvoir suprême sur son nouveau territoire. Les bêtes sauvages sont invitées à se reproduire, comme dans le **Genèse 1 :28** où Elohim enjoint l'humanité à être féconde, à se multiplier et à emplir la Terre et à la soumettre.

Les unions et prises de pouvoir successives par suppression des ascendants peuvent être prises au premier degré ou sous un angle allégorique, de même que les divinités peuvent être regardées comme des individus, des groupes ou des lieux/environnements. L'interprétation est donc assez ardue ! Malgré des rapprochements pertinents effectués avec la Genèse biblique, le récit est confus et les cassures du texte n'arrangent rien à l'affaire. Toutefois l'on peut en déduire que dès le deuxième cycle, le pouvoir est attribué à Tiamat (la Mer). Laḫar, rejeton des bêtes sauvages partage le pouvoir royal en épousant Tiamat et en éliminant ses ascendants. Cette suppression n'est pas à prendre obligatoirement au premier degré ; il peut tout à fait s'agir d'un remplacement naturel et/ou légitime d'une génération par une autre. Au cours du quatrième cycle le pouvoir de Tiamat est accaparé par le fils de Laḫar. Là encore il est indiqué que les ascendants sont tués mais cette "élimination" n'est peut-être pas à prendre au pied de la lettre. Au cours du cinquième cycle est apportée l'abondance des productions de la terre, une espèce de renouveau agricole. Cette luxuriance permettant de nourrir les animaux et les dieux – notez l'absence criante de l'espèce humaine ! La succession de matricides et de parricides s'interrompt à la septième génération où le père est emprisonné et donc destitué au lieu d'être tué. Au dos de la tablette figurent les noms du panthéon des enfants d'An(u). Selon Parks cela dénote l'arrivée de la seconde vague de conquérants/voyageurs sur Terre.

Ajoutons qu'un passage du poème sumérien *Le Bétail et le Grain* peut être vu comme un aparté cosmogonique dans lequel Enlíl sépare le Ciel et la Terre :

> *"Quand le Ciel eut été éloigné de la Terre,*
> *Quand la Terre eut été séparée du Ciel,*
> *Quand le nom de l'Homme eut été fixé,*
> *Quand An eut "emporté" le Ciel,*
> *Quand Enlíl eut "emporté" la Terre."*[104]

La suite de l'*Enūma Eliš* s'accompagne de troubles entre les dieux que nous avons rapidement décrits plus haut et sur lesquels nous reviendrons dans le prochain chapitre. Nous savons cependant que dès l'apparition des principes mâles et femelles à l'origine de la Création (Apsû et Tiamat) existaient déjà des divinités subalternes comme le conseiller d'Apsû nommé Mummu. Cela indique qu'il existait déjà une structure sociale, voire politique au sein de la société divine. Le poème babylonien semblerait donc bien s'avérer postérieur à la *Généalogie divine de la terre ferme*. Avant de lister les principaux dieux suméro-akkadiens de l'ancienne Mésopotamie, précisons que selon les babyloniens c'est le grand dieu Marduk qui serait à l'origine de la création de l'humanité (voire du monde) alors que leurs prédécesseurs sumériens plaçaient bien entendu Enki à cette position.

Le tableau ci-après comme tous les autres de ce type est, au même titre que les arbres généalogiques, un point de repère qu'il sera bon de revenir consulter au besoin durant la lecture de cette série d'essais.

---

[104] Extrait du poème sumérien *Le Bétail et le Grain*.

Divinité (Sumer-Akkad)	Époux/Amant	Centres religieux	Symboles	Animaux
An -Anu	Antu	Uruk, Eanna	Tiare à cornes	Taureau du Ciel
Damgalnuna - Damkina	Enki -Éa	Malgûm, Lagaš et Umma		
Damu/Dumuzi – Tammuz	Inanna -Ištar	Isin, Larsa, Lagaš, Ur et Girsu.	Arbre de vie	Serpent
Enki -Ea	Damkina	Eridu, Eengurra	Tiare, sceptre à tête de mouton	Poisson-chèvre, Tortue
Enlíl -'Ílu	Ninlíl	Nippur, Ekur	Tiare à cornes, tablettes de la destiné	
Ereškigal -Allatu	Gugalanna puis Nergal	Kutha, Sippar		Dragon-serpent
Geštinanna - Belet-ṣeri	Ningišzida	Nippur, Isin, et Uruk	Grappe de raisin	
Gula	Pabilsag / Ninurta	Isin, Egalmah		Chien
Inanna -Ištar	Dumuzi	Uruk, Eanna	Étoile	Lion
Iškur -Adad	Šala		Foudre	Taureau
Marduk	Zarpanitu	Babylone, Esagil	Bêche	Dragon-serpent
Nabū	Tašmetu	Borsippa, Ekur	Calame et tablette	Dragon ailé
Nanna -Sîn	Ningal	Ur et Harrân, Ekišnugal	Croissant de Lune	Taureau
Nergal	Ereškigal	Kiš, Ekišibba	Sceptre à tête de lion, cimeterre	Lion
Nidaba	Ḫaia	Ereš, Nippur	Épi, calame et tablette	
Ninazu	Ningirida	Enegi, Ešnunna, Ur, Lagaš, Umma, et Nippur	Baume	Serpent, Dragon-serpent

Ningišzida	Geštinanna	Gišbanda, Isin, Larsa, Babylon and Uruk et Lagaš	Baume, Épée-Faucille	Serpent, Dragon-serpent
Ninmaḫ - Ninḫursağ	An, Enlíl, Enki, Šulpae	Ancienne Mésopotamie	Déesse-Mère, Symbole Oméga, Couteau	
Ninurta	Ba'u / Gula	Nippur, Ešumesa	Charrue	
Utu -Šamaš	Aya	Sippar, Ebabbar	Disque solaire	

Découvrons maintenant ci-après l'arbre généalogique le plus exhaustif (au regard des besoins de cet essai) des dieux suméro-akkadiens. Les principales divinités y sont présentes. Nous avons aussi souhaité intégrer la *théogonie du Dunnu* aux informations récoltées dans les divers textes à commencer par l'*Enūma Eliš*. Sachez cependant que les informations concernant la filiation de tel ou tel dieu peuvent se retrouver éclatées sur différents supports comme n'apparaître que sporadiquement voire rentrer complètement en opposition avec des données mythologiques rencontrées préalablement sur d'autres tablettes. Comme avec les Grecs, les scribes d'ancienne Mésopotamie ont, selon les lieux et les époques, adapté les mythes selon les contraintes cultuelles du moment. Cela nous amènera à rencontrer les divinités sous diverses appellations, sous divers avatars, auxquels les anciens Mésopotamiens ont dû donner une ascendance et parfois une descendance. Enfin nous avons fait le choix, pour plus de lisibilité, de ne lister que les noms les plus anciens (sumériens) à la suite desquels il nous a semblé pertinent de rajouter le patronyme akkadien lorsque celui-ci à plus de force évocatrice que le précédent (exemple : Ištar).

LES CHRONIQUES DU ǦÍRKÙ À L'ÉPREUVE DE LA MYTHOLOGIE COMPARÉE

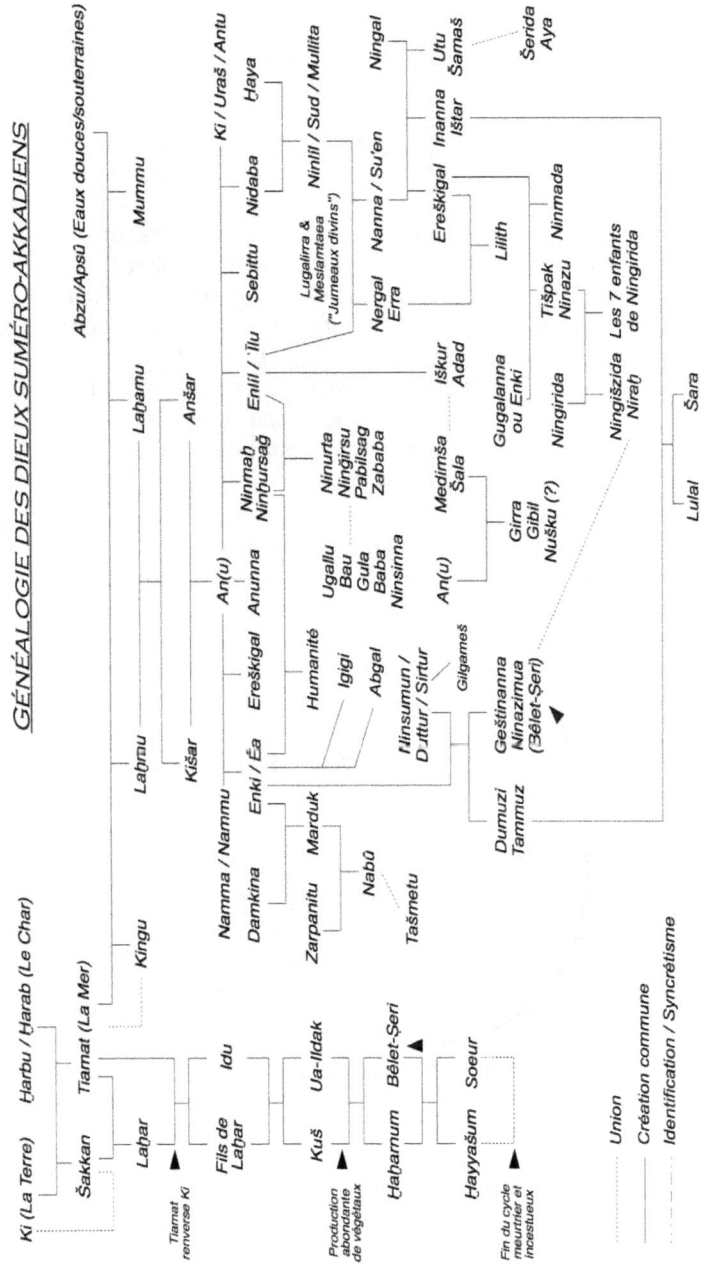

2 - Du temps de Zep Tepi

"Salut à toi, auteur de toutes choses, maître de la vérité et de la justice, père des dieux, auteur des hommes, créateur de tous les troupeaux, seigneur du grain ; qui fais vivre aussi les animaux du désert. Ô Amon, taureau au beau visage, aimé dans Karnak, [dieu] aux levers radieux dans le château du Benben, dont les diadèmes sont renouvelés en Héliopolis, juge des deux adversaires [Horus et Seth] dans la grande Salle [du jugement] ; ô [toi] qui présides à la grande Ennéade, l'unique des uniques, qui n'as pas son pareil et qui résides dans Karnak... dieu des deux horizons, Horus de l'Orient ; celui qui a créé le désert, l'argent, l'or, le lapis-lazuli véritable, de par sa volonté..."
Hymne à Amon-Rê[105] **extrait d'un papyrus conservé au Musée du Caire et datant d'Aménophis II.**

"Je suis celui qui vais détruire tout ce que j'ai créé. Ce monde retournera dans l'océan primordial (NDA : Le Nun), dans le flot originel, comme à ses débuts.[106] *Je suis celui qui subsistera avec Osiris après m'être transformé de nouveau en d'autres serpents que les hommes ne connaissent pas et que les dieux ne voient pas."*
Seconde partie du Chapitre 175 du *Livre des Morts*. [Échange entre Osiris et Atum].

Zep Tepi, translittération de l'Égyptien *zp tpj*, est le temps de la "première fois", du "premier déroulement". Une époque lointaine où le monde n'était pas encore manifesté. Un temps de l'antécréation où tout baigne dans un chaos primordial. C'est la croyance que se partagent toutes les cosmogonies de l'ancienne Égypte. Hormis cela, chaque centre religieux de la terre de Kemet se différenciait de son voisin par les différences que nous allons détailler. Il existait quatre centres spirituels importants et plusieurs

---

[105] Amon était selon la cosmogonie thébaine la force cachée derrière toutes choses, le principe créateur universel.
[106] La conception cosmogonique égyptienne à ceci d'unique qu'elle présente la Création comme une ''respiration'', un phénomène cyclique. Ainsi, après être arrivé ''à terme'', tout ce qui aura été créé retournera au Chaos dans un processus destructeur.

autres d'importance moindre. Au total une bonne dizaine de "cosmo-théogonies" existaient en parallèle ; chaque récit prévalant au sein de sa région d'origine. Elles n'avaient pas été créées à la même période mais avaient toutes la particularité d'avoir été retouchées au fur et à mesure des époques et des changements de pouvoir. Quelle doctrine religieuse ne l'a jamais été ?... Toujours est-il que malgré les différences notoires qui les rendaient uniques les unes par rapport aux autres, un plan d'ensemble peut s'appliquer à toutes ces cosmogonies égyptiennes. En voici les principales notions :

NUN (Chaos aquatique et ténébreux des Origines)

Autocréation d'un Démiurge prenant conscience de son existence

Volonté du Démiurge de créer un Univers tangible et un temps fini

Création d'un îlot de terre comme support à la Création

Apparition du Soleil qui :
- jaillit d'un lotus ou d'un œuf (Hermopolis)
- se dévoile sur une butte (Héliopolis)
- arrive sur le dos d'une vache nageant à la surface du Nun (Esna)...

Création par le Démiurge des autres divinités
Création des autres formes de vie

Voici à présent le récit synthétique, succinct des principaux mythes "cosmogo-théogoniques" égyptiens. Nous prendrons soin comme plus haut de ne pas évoquer la création de l'homme qui sera traité dans le tome 3 (*les Témoins de l'Éternité*). Précisons que la religion égyptienne est considérée comme un "*monothéisme polymorphique*" vouant un culte à une déité unique et solaire se manifestant sous plusieurs aspects ou visages. Ce phénomène explique à merveille pourquoi plusieurs dieux aux origines, figurations et dénominations dissemblables seront identifiés comme étant à l'origine une unique divinité.

Dans la cosmogonie d'Héliopolis (littéralement la "ville du Soleil" en grec), il n'existait rien hormis le Nun infini, sombre et glacial. Une étincelle surgit alors du néant liquide : Atum, le Démiurge, prit conscience de son existence et se manifesta dans le Nun. Épris d'une volonté créatrice, il fit surgir des eaux glacées du chaos, l'îlot qui deviendra sa demeure. Cette butte des origines est le Benben. Tel le Soleil manifesté, Atum éclaira et réchauffa l'univers ; repoussant le Nun aux confins de l'espace. Le serpent Apophis habitant le Nun et ennemi de Rê (le Soleil), attaquera chaque matin la barque de l'astre du jour. Inlassablement, le serpent géant est vaincu et repoussé dans les limites du Monde. À la fois principe mâle et femelle, Atum-Rê fait naître par masturbation Shu, dieu de l'air, et Tefnut, déesse de l'humidité. De leur union naîtront Geb le dieu de la terre et Nut la déesse du ciel étoilé ; frère et sœur dont l'amour fusionnel fera écho avec celui d'Osiris et d'Isis. Avant d'être séparés par Atum-Rê, inquiété par leur profond désir mutuel, ils auront mis au monde cinq des divinités parmi les plus réputées d'Égypte : Isis, Nephtys, Osiris, Seth et Horus l'Aîné. Une autre histoire nous conte que c'est Shu ("celui qui soulève") qui sépara Geb de Nut en propulsant cette dernière vers la voûte céleste. L'Ennéade d'Héliopolis est ainsi complète ; les neuf descendants d'Atum-Rê formant la plus ancienne (milieu du IIIe millénaire av. J.-C.) et prestigieuse assemblée divine de l'ensemble des Deux Terres. Horus l'Enfant, le jeune Faucon, naîtra comme tout le monde le sait de l'union post-mortem d'Osiris et d'Isis.

Nous retrouvons comme dans l'*Enūma Eliš* la notion de séparation des ténèbres et de la lumière, du ciel confondu avec les abysses spatiaux et de la terre, du principe féminin et masculin. Mais aussi d'une attaque par un serpent des abysses (Apophis) de la divinité solaire et céleste. Atum-Rê semble être une fusion d'Apsû et de Marduk tandis que Tiamat est une forme de Nun-Apophis. À partir de l'entité primordiale (Atum / Apsû-Tiamat) seront engendrés des jumeaux divins, frère et sœur, qui seront à leur tour parents d'un couple d'enfants et ainsi de suite. Jusqu'à l'apparition d'une génération de divinités marquant plus ou moins la fin d'un cycle créateur. Nous retrouvons ici quasiment le même schéma que dans l'*Enūma Eliš* ou la *Théogonie de Dunnu* (sans toutefois emprunter la tournure parricide de ce dernier). Mais revenons à nos cosmogonies égyptiennes.

***

Dans la ville d'Hermopolis il est question d'une Ogdoade, une assemblée divine de huit divinités. À dire vrai ce n'est pas réellement une assemblée mais un ensemble de principes masculins et féminins au service de l'émergence du Soleil. Dans ce récit cosmogonique, le Démiurge est Thot, dieu de la connaissance et du savoir. Lorsque le Benben surgit des eaux du Nun par le pouvoir du Verbe créateur de Thot, celui-ci y déposa l'œuf de la création. Il plaça sur cet œuf quatre déités mâles à têtes de grenouille et leurs contreparties femelles à têtes de serpent. Elles sont huit émanations de l'âme de Thot créées à partir du chaos abyssal qu'est le Nun. Ainsi les quatre couples suivants couvaient l'œuf : Nun et Naunet[107] (symbolisant l'océan primordial), Huh et Huhet (représentant l'infini, l'éternité), Amon et Amonet (personnifiant l'atmosphère) et enfin Kuk et Kuket (incarnant l'obscurité). De l'inévitable éclosion surgit le Soleil qui se plaça dans le ciel. Thot poursuivit alors l'acte créateur par le Verbe.[108]

À Memphis, où Ptah est le Démiurge, il était dit que le dieu

---

[107] Nous pourrions voir dans la parèdre de Nun, Naunet, un doublet d'Apophis. Serpent aquatique géant, écho de Tiamat, partant à l'attaque du dieu de l'atmosphère. Les pouvoirs d'Apophis(1) étant de fait transféré à son meurtrier, Seth, celui-ci deviendra à son tour Apophis(2). Cet Apophis là, comme nous le verrons, aura fort à faire avec une certaine déesse féline...

[108] Notons que dans le tome 0 des *Chroniques*, la mission spatiale Pištēs dont Barbélú-Gaïa est l'ingénieur en chef est composée de huit membres, quatre femmes et quatre hommes. La chute sans retour de leur vaisseau sur la Terre primitive suivie de la ponte par parthénogenèse par Barbélú de plusieurs œufs à l'origine des races Gina'abul sont des événements qui résonnent peut-être dans cette cosmo-théogonie singulière.

tutélaire avait créé le Monde par sa simple pensée puis achevé de dispenser la vie à toute créature divine ou mortelle par le Verbe. Il est celui qui donna son cœur et sa conscience à Atum avant que celui-ci ne sorte du Nun. Il donna vie à Atum afin qu'il exécute sa volonté. Dans la théologie memphite, Ptah est identifié à la colline primordiale, à la terre émergée voire aux pyramides. La colline est parfois nommée Tanen à Memphis ce qui signifie "terre qui se soulève". C'est pourquoi Ptah et Tanen sont parfois syncrétisés en Ptah-Tanen. Il est le pourvoyeur de la culture auprès de l'humanité, la *"langue"* de l'Ennéade d'Héliopolis, le patron des artisans et le maître de la justice. Mais il est avant tout le premier Créateur pour la religion memphite. Nous reconnaissons aisément la personnalité d'Osiris chez Ptah-Tanen.

À Esna c'est le dieu Khnum qui remplace Ptah en tant qu'Artisan-Créateur. Il modelait des formes de vie sur son tour de potier avant que la déesse Héket ou Hékat ne leur insuffle la vie. Ici le Soleil arrive entre les cornes d'une vache divine – Meheturet, image d'Hathor – qui surnage sur le Nun. À Saïs c'est Neith (préfiguration de l'Athéna grecque) qui a créé l'univers à l'aide de sept paroles (ou sept flèches, elle était archère). La même méthode est utilisée par la déesse vautour Nekhbet – qui préside aux accouchements comme Ilithye chez les Grecs – dans la cité de Nekheb.

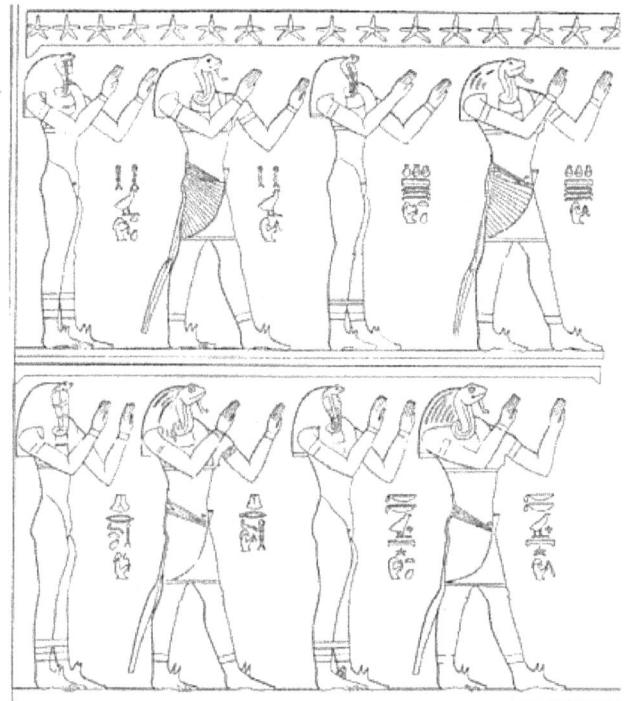

Les divinités de l'Ogdoade d'Hermopolis avec les mâles à tête de grenouille et les femelles à tête de serpent. Reproduction d'une gravure du temple d'Hibis, d'après The Temple of Hibis in El Khargeh Oasis III, *publications du Metropolitan Museum of Art, New York, 1953.*

Il est nécessaire maintenant d'évoquer la théogonie de Thèbes qui devint tardivement la capitale égyptienne. Ce faisant, le dieu tutélaire local Amon, devint le Démiurge Créateur des Deux Terres. Seulement, la pauvreté du récit cosmogonique thébain n'a d'égal que ses maladroits emprunts aux autres mythes égyptiens de la Création l'ayant précédé. Ainsi Amon s'autogénère à partir du Nun (comme Atum), puis il intègre l'Ogdoade hermopolitaine avant de personnifier le tumulus primordial (à l'image de Ptah), enfin à la façon de Rê il rejoint le ciel et réchauffe le Monde. Le clergé de Thèbes prit résolument la voie d'une concupiscence syncrétiste grotesque faisant de Amon la divinité des origines, de la création de tout au détriment de la cohabitation fondamentale avec les autres divinités égyptiennes. Sous gouvernance thébaine, le culte d'Amon supplanta au niveau global toutes les autres croyances d'Égypte.

Enfin, décrite dans *La Dernière Marche des Dieux*, il nous faut évoquer en deux mots la théologie hénothéiste[109] amarnienne. Elle est le corollaire d'une réforme radicale du système religieux lancée par Akhénaton. Le jeune pharaon mettant en exergue l'omnipotence du Soleil sur Amon et les autres dieux du panthéon héliopolitain fut taxé d'hérésie. Selon la religion amarnienne – d'Amarna, nom de la nouvelle capitale d'Akhénaton – le Soleil était l'unique force dispensatrice de vie et de bonheur. Le peuple se retrouva privé d'un dieu anthropomorphe à vénérer ; dieu sans symbole, sans animal sacré, sans figuration de pierre. Un dieu abstrait, fade et éloigné des occupations quotidiennes. Cet appauvrissement cultuel ne satisfaisait ni le peuple ni le clergé qui restaura les anciennes croyances dès le décès du pharaon.

Malgré le prosélytisme légitime des différents clergés, la coexistence des divers centres cultuels égyptiens ne posait pas de problèmes majeurs. Entendons par là que les croyants accommodaient leurs croyances selon les circonstances mais ne seraient jamais partis en guerre contre une autre cité des Deux Terres pour défendre leur foi. De fait, la guerre civile n'aurait jamais cessé puisqu'il y avait autant de déités majeures qu'il y avait de nômes (provinces), les triades étant la norme de l'époque. Un rapide calcul nous donne donc 42 x 3, soit 126 divinités officielles sans compter les divinités vénérées dans certains sanctuaires particuliers !

***

Voici à présent quelques-unes des triades les plus vénérées durant l'Antiquité égyptienne. À quelques exceptions près, toutes les triades divines présentent un père, une mère et leur enfant, images de la famille composée d'Osiris, Isis et Horus :

---

[109] L'hénothéisme est le culte d'un seul dieu chez un peuple, chaque peuple pouvant avoir le sien, par opposition à monothéisme qui exprime qu'il n'y a qu'un seul dieu.

Ville de culte	Triades		
Abydos	Osiris	Isis	Horus
Athribis	Min	Repyt / Apérétisèt	Kolanthès
Denderah	Horus de Behdet	Hathor	Harsomtus
Edfu	Horus	Hathor	Harsomtus
Eléphantine	Khnum	Satis	Anukis
Esna	Khnum	Menhyt (ou Hékat)	Héka
Heliopolis	Khépri (Soleil renaissant)	Rê (Soleil du zénith)	Atum (Soleil couchant)
Hermopolis	Thot	Nehemetauay	Hornefer
Kom Ombo	Sobek	Hathor	Khonsu
Memphis	Ptah	Sekhmet	Nefertum
Mendès	Banebdjed	Hatméhyt	Harpocrate
Thèbes	Amon	Mut	Khonsu

Enfin, avant de découvrir notre généalogie regroupant toutes les principales théologies des Deux Terres, retrouvez ci-après les principales divinités égyptiennes que nous allons aborder dans cette série d'essais. Comme nous le constaterons au fur et à mesure de notre progression, malgré les identités propres des dieux, il sera courant de les retrouver fusionnés ou identifiés à un ou plusieurs autres de leurs compères divins selon les circonstances. Dans le cas de l'existence d'une double appellation grecque / égyptienne, nous placerons en première position le nom grec. Ce seront par ailleurs les dénominations privilégiées lors de cette étude.

Divinité	Époux/ Amant	Centres religieux	Symboles	Animaux
Aker			Double Sphinx	Lion
Amonet	Amon	Hermopolis		Grenouille
Amon	Amonet	Hermopolis, Thèbes	Double Couronne d'Égypte	Bélier, Oie
Anukis / Anuket		Eléphantine, Esna	Robe moulante, Croix d'Ânkh	Gazelle
Anubis / Inpu		Abydos, Cynopolis		Chien noir
Apis		Memphis	Disque solaire, Uraeus	Taureau
Apophis / Apep				Serpent géant
Atum		Héliopolis		Taureau, serpent
Bastet	Ptah	Bubastis	Couteau, Maternité, Foyer	Chatte
Geb	Nut	Heliopolis	Terre, Végétation	Oie, Crocodile
Hâpy		Eléphantine, Memphis	Papyrus, Nénuphar	
Athyr / Hathor	Horus, Sobek	Denderah, Edfu	Disque solaire	Vache, Lion
Heka		Héliopolis, Esna, Memphis	Canne recourbée	
Héket-Hékat	Khnum	Eléphantine, Antinupolis	Croix d'Ânkh	Grenouille
Horus / Hor	Hathor	Heliopolis, Edfu	Œil Oudjat	Faucon, Lion
Isis / Aset	Osiris	Égypte	Trône, Disque solaire, Uraeus, Sistre	Milan, Vache,
Khnum	Satis, Héket, Neith	Eléphantine	Tour de potier, Jarre	Bélier
Nefertum		Memphis	Lotus	

Neith	Khnum	Esna, Memphis	Arc/Flèches, Vases canopes	
Nephtys / Nebet Hut	Osiris, Seth	Heliopolis, Edfu	Vases canopes	Milan
Nut	Geb	Heliopolis	Ciel étoilé	Vache, Truie
Osiris / Asar	Isis, Nephtys	Égypte	Sceptre Heka, Pilier Djed	Bélier, Taureau, Chien
Ptah	Sekhmet	Memphis	Bâton de Ptah	Taureau
Rê (Râ)		Égypte	Disque solaire	Faucon, Cobra, Bélier
Satis / Satet	Khnum	Eléphantine	Couronne blanche, Croix d'Ânkh	Antilope
Sekhmet	Ptah	Memphis	Disque solaire, Uraeus, Sceptre Ouas	Lion
Selkis / Serkit	Horus	Edfu	Vases canopes	Scorpion
Seshat	Thot	Abydos, Edfu, Karnak, Denderah	Calame, Tablette	
Seth / Setesh	Tauret	Égypte	Lance, Sceptre Ouas	Sha, Chacal, Hippopotame
Sosis / Shu	Tefnut	Heliopolis, Léontopolis	Plume d'Autruche	Lion, Bélier
Sucos / Sobek	Hathor	Kom Ombo, Fayoum	Disque solaire, Nil	Crocodile
Tefnut	Shu	Heliopolis, Léontopolis	Disque solaire	Lion
Thot / Djehuti	Seshat	Hermopolis Magna, Edfu		Ibis, Babouin

Ci-après, l'arbre généalogique des dieux d'Égypte qui tient compte une fois de plus de toutes les traditions répandues sur les Deux Terres :

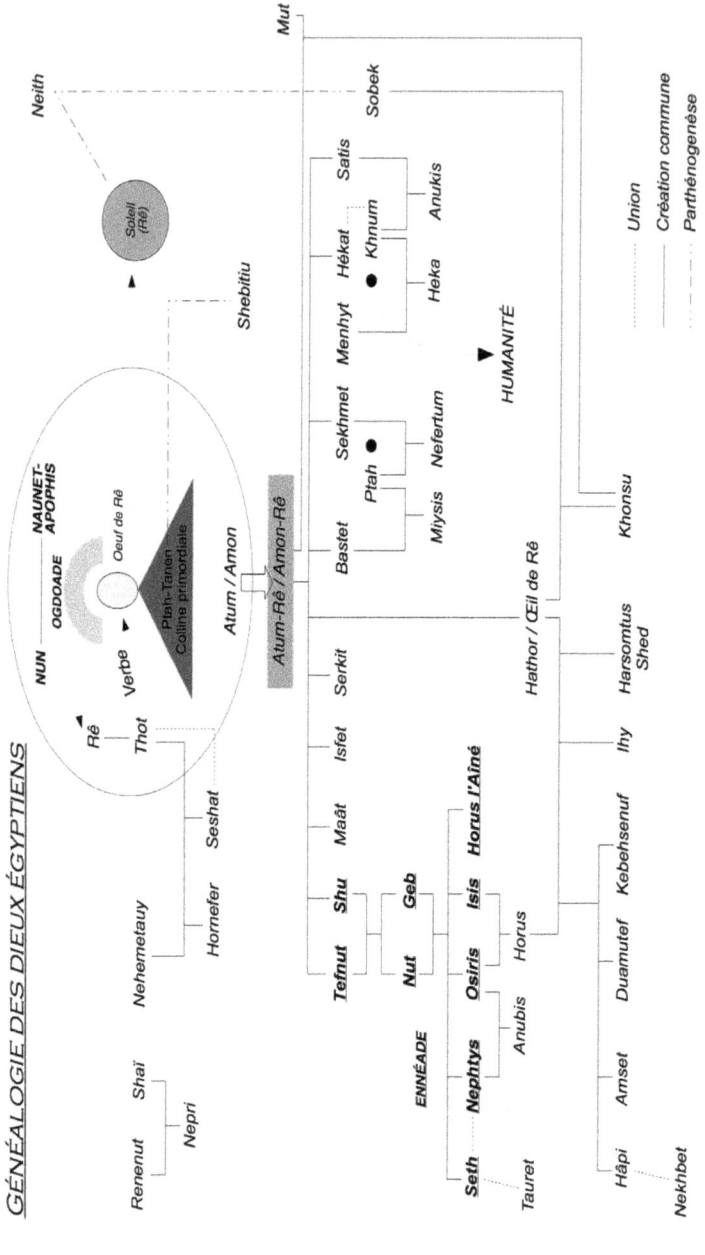

3 - Théologies orphiques et hésiodique

"Donc, avant tout fut Abîme (Χάος),[110] puis Terre (Γαῖα) aux larges flancs, assise sûre à jamais offerte à tous les vivants, et Amour ("Ερως) le plus beau parmi les dieux immortels, celui qui rompt les membres et qui, dans la poitrine de tout dieu comme de tout homme, dompte le cœur et le sage vouloir. D'Abîme naquirent Érebos et la noire Nuit. Et de Nuit, à son tour, sortirent Éther et Lumière du jour. Terre, elle, d'abord enfanta un être égal à elle-même, capable de la couvrir tout entière, Ciel Étoilé (Οὐρανός), qui devait offrir aux dieux bienheureux une assise sûre à jamais. Elle mit aussi au monde les hautes Montagnes (Οὔρεα), pâlissant séjour des déesses, les Nymphes, habitantes des monts vallonnés. Elle enfanta aussi la mer inféconde aux furieux gonflements. Flot (Πόντος), sans l'aide du tendre Amour. Mais ensuite, des embrassements de Ciel, elle enfanta Océan aux tourbillons profonds - Koios, Krios, Hypérion, Japet - Théia, Rhéia, Thémis et Mnémosyne, - Phoibè, couronnée d'or, et l'aimable Téthys. Le plus jeune après eux, vint au monde Kronos, le dieu aux pensées fourbes, le plus redoutable de tous ses enfants ; et Kronos prit en haine son père florissant. Elle mit aussi au monde les Cyclopes au cœur violent, Brontès, Stéropès, Argès à l'âme brutale, en tout pareils aux dieux, si ce n'est qu'un seul œil était placé au milieu de leur front. Vigueur, force et adresse étaient dans tous leurs actes. D'autres naquirent encore de Ciel et Terre."

Hésiode, Théogonie, v. 116-147.

Comme en Égypte il existait en Grèce une multitude de traditions contant la naissance du Monde et des dieux. Nous ne retiendrons que les plus essentielles : les cosmogonies orphiques et la théogonie d'Hésiode faisant office de référence puisqu'en grande partie à l'origine de la religion olympienne de l'époque classique telle que transmise de son temps à nos jours. Nous allons dans ce sous-chapitre aborder les deux ensembles cosmogoniques

---

[110] Le grec *Χάος* (Chaos) peut parfaitement se décoder via le protosumérien en KA(ouverture, porte)-UŠ(fondation), soit ''l'ouverture fondatrice''. Nous n'en attendions pas moins de la béance de laquelle émergea l'Univers !

dans cet ordre puis dresser comme précédemment un arbre généalogique regroupant les principaux dieux du panthéon grec ; les premières étapes de la création étant les plus variables.

L'orphisme était un courant de pensée complet mais relativement sibyllin. Il était contestataire, alternatif et contradictoire par rapport à la théologie hésiodique. Les sources de ce mouvement sont éparses et considérées généralement comme tardives (Ve siècle av. J.-C.). Certains documents attesteraient pourtant une certaine ancienneté du dogme. L'orphisme est une religion à Mystères basée sur les écrits hypothétiques du poète Orphée, fils du roi de Thrace. Il est aussi considéré sinon comme le fils du moins comme un fervent disciple d'Apollon. Il est en outre comme nous le verrons un avatar de Dionysos. Il sera le pont qui tentera d'unir sous une nouvelle chapelle hénothéiste, les rives formelles de la pensée apollinienne et les berges euphoriques des rites dionysiaques. Il exerce une certaine forme d'autorité sur les deux vénérables chroniqueurs grecs Homère et Hésiode puisqu'il a sur eux l'avantage de l'antériorité. Il fut en effet de l'expédition des Argonautes, antérieure à la guerre de Troie. Un héros donc qui comme tous les hommes (ou demi-dieux) de ce rang aura fait l'affront à Hadès de s'en être allé et venu des Enfers. De plus son statut de fils d'Apollon et/ou d'une Muse lui a conféré l'aptitude à transmettre aux mortels les messages des dieux. Cela couplé à son inégalé pouvoir de séduction exercé via la musique et la poésie font de ce personnage un excellent porte-étendard de la consécration des cultes dionysiaques. À dire vrai, l'orphisme se rapprochait plus d'un système philosophique et métaphysique que d'un système religieux fondé sur le mythe.

Il se rapproche beaucoup de la Gnose – ou mouvement gnostique – en ce sens que les membres étaient des initiés, qu'ils pratiquaient le végétarisme voire le végétalisme, avaient un mode de vie ascétique et qu'ils croyaient en la réincarnation de l'âme. En effet il n'est pas anecdotique que nous ayons convoqué Dionysos deux phrases plus haut : il est le personnage central du courant orphique. Si dans la théologie olympienne Zeus est la divinité principale, c'est Dionysos qui porte ce statut dans l'orphisme. Dionysos est le dieu mort et ressuscité, divinité ultime des adeptes de l'orphisme. Comme nous le verrons dans le dossier consacré au dieu de l'ivresse dans le tome 2, Dionysos alors incarné en Zagreus fut, selon les traditions orphiques, mis en morceau puis dévoré par les Titans sur ordre d'Héra, la jalouse épouse de Zeus. Ce dernier foudroya les Titans pour venger la mort de son enfant. De leurs cendres naquirent les premiers hommes, condamnés à vivre avec le péché de ce meurtre originel mais aussi récipiendaires de l'étincelle divine de Dionysos. Leurs âmes prises au piège dans leurs prisons de chair doivent alors revenir sur Terre dans un cycle sans fin de mort/résurrection. Hormis si l'adepte se plie à la doctrine dictée par Orphée…

Zagreus-Dionysos saisi par les Titans avant que ces derniers ne le mettent en pièces et ne le dévorent. Reproduction d'un relief de sarcophage retrouvé à Athènes. Cette scène nous rappelle évidemment la mise à mort d'Osiris à Abydos par les partisans de Seth avant que ce dernier ne vienne lui porter le coup de grâce !

La pratique des Titans consistant à démembrer une victime sacrificielle avant de consommer sa chair crue font écho à certains rituels archaïques prêtant à l'orphisme un caractère plus ancien que celui qu'il est convenu d'admettre. À moins que les adeptes de la secte n'aient récupéré puis intégré d'antiques récits dans le but de justifier la prééminence de leur dogme sur ceux déjà en place au VIe siècle ? La légende du meurtre de Dionysos-Zagreus a-t-il été introduit tardivement dans le culte orphique ? Rien n'est moins certain : cet acte odieux est le mythe fondateur de la religion d'Orphée. Sans lui, plus de Mystères, d'initiation, de vie ascétique... Il serait donc pertinent de considérer que l'orphisme revêt un caractère relativement ancien.

Orphée marcha sur les pas de Dionysos : les deux individus sont descendus aux Enfers pour récupérer un être cher ; pour Orphée ce fut Eurydice, son épouse et pour Dionysos Sémélé, sa mère. La confusion est de rigueur puisque les deux personnages se mêlent au point de partager une mort quasi identique : Orphée sera en effet déchiqueté par une congrégation de prêtresses en furie contre lui ; sa chair étant consommée crue par ces dernières !

Venons-en à présent aux principales cosmogonies orphiques. Il existe nombre de bribes, de fragments de textes se réclamant de l'orphisme. Nous allons les décrire succinctement en commençant par le texte satirique d'Aristophane :

> "*Au commencement, il y avait Chaos et Nuit, le noir*
> *Erèbe et le vaste Tartare,*
> *Mais il n'y avait ni terre, ni air, ni ciel. Alors, dans le*
> *sein sans limites de l'Erèbe,*
> *Tout au commencement, Nuit aux ailes noires génère un*
> *œuf soulevé par le vent,*
> *D'où naquit, dans le cours des saisons revenant en*
> *cercle, Éros le désirable au dos étincelant de ses ailes*
> *d'or, Semblable aux rapides tourbillons des vents.*
> *Et lui, s'étant uni de nuit au Chaos ailé dans le vaste*
> *Tartare, Il fit éclore notre race et la fit apparaître la*
> *première au jour. Jusqu'alors, il n'y avait pas de race*
> *des immortels,*
> *Avant qu'Éros n'eût uni ensemble tous les éléments.*
> *Mais à mesure qu'ils se mêlaient les uns aux autres,*
> *Alors naquirent Ouranos, Okéanos et Gaïa,*
> *Puis toute la lignée impérissable des dieux*

bienheureux."[111]

Hermias d'Alexandrie, membre de l'école néoplatonicienne d'Athènes, dans son *Commentaire sur le Phèdre de Platon* a déclaré :

> "*Protogonos, nul ne le vit de ses yeux,*
> *Hormis, seule, la Nuit sacrée.*
> *Mais tous les autres furent frappés d'étonnement*
> *En contemplant dans l'Éther un éclat inattendu,*
> *La clarté étincelante du corps de l'immortel Phanès*
> *(...)*
> *Sur la porte de l'antre de la Nuit,*
> *On dit qu'Adrastée* (NDA: Identifiée ici à la Déesse-Mère Rhéa) *fait résonner ses cymbales...*
> *Et à l'intérieur, dans le sanctuaire de la Nuit, siège Phanès, Et Nuit se tient au centre et prophétise pour les dieux.*
> *Devant l'entrée se tient Adrastée, qui fixe pour tous les lois divines.*"[112]

Il existe nombre d'autres sources traitant de la cosmo-théogonie orphique (*Papyrus de Derveni, Rhapsodies Orphiques, Théogonies de Hiéronymos et Hellanikos,* et autres). Il serait vain de tout détailler ici, ce n'est pas le propos de cet essai. Chacune de ces cosmogonies possède des détails qui leur sont propres quant au phénomène initial de Création mais nous retrouvons presque toujours les mêmes entités primordiales que sont Kronos (le Temps), l'Éther, Nyx (la Nuit), le Chaos, le Tartare et l'Érèbe.

Dans quasiment tous les cas de figure, un Œuf Cosmique naît de Nyx qui prend les traits d'un oiseau sombre. De cet œuf émerge Phanès qui porte les dénominations ou épithètes Éros (Amour), Protogonos (le Premier Né), Eriképaios ou Métis (l'Intelligence). Phanès est un être transcendant, androgyne, possédant des ailes d'or, émanant une lumière éclatante, le corps ceinturé de bas en

---

[111] Aristophane, *Les Oiseaux*, v.693-702.
[112] Hermias d'Alexandrie, *Commentaire sur le Phèdre de Platon*, fragments.

haut par un serpent. Il concentre la lumière, la matière et le temps. Il porte à ce titre les symboles animaliers des trois saisons de l'Antiquité[113] à savoir le serpent (hiver), le lion (printemps), le bélier (été) et le taureau (nouvelle année). D'autres animaux pouvaient symboliser l'année solaire et donc le temps. Il pouvait s'agir du lion, de la chèvre et du serpent (ce que figurait la Chimère) ; voire du taureau, du lion et du serpent (soit les transformations successives de Zagreus-Dionysos avant d'être capturé puis tué par les Titans) ; ou encore un cheval, un chien et un lion (les trois têtes de la grande déesse Hécate). Dans une année antique à deux saisons, comme à Thèbes, la déesse Sphinx (lionne ailée à queue de serpent) en étant la figuration ; le serpent étant l'hiver et le lion l'été.[114]

Phanès était la résultante de l'éclatement de l'unité primordiale symbolisée par l'Œuf Cosmique. La partie supérieure de la coquille sera vue par certaines traditions comme le Ciel et la partie inférieure comme la Terre. Pour d'autres c'est Phanès qui engendre Gaïa à partir de lui-même. En résumé tous les éléments de la matière se manifesteront de Phanès. La suite des récits orphiques de la création se raccroche ensuite à la théogonie d'Hésiode. Le caractère quasi hénothéiste de l'orphisme se manifeste dans la suite des événements tels que décrits par le *Papyrus de Deverni* (sources les plus récentes retrouvées). Zeus, avant de débuter une seconde création divine – se terminant par la naissance de l'humanité –, décide d'avaler Phanès-Protogonos, s'accaparant ainsi tous ses pouvoirs de Principe Primordial. Il transférera son indiscutable souveraineté à Dionysos qu'il aura de Rhéa, sa mère (appelée ici Déméter comme sa fille). Le petit Dionysos se retrouvera ainsi investi de la suprématie et de l'autorité de Phanès-Protogonos, devenant la toute puissante entité divine selon les orphiques. Le morcellement du divin s'achèvera donc avec l'avènement de Dionysos qui marquera le retour à l'unité originelle. Le destin de Dionysos, vous le connaissez, inutile de revenir dessus. Constatons rapidement que le statut

---

[113] Martin Persson Nilsson, *Primitive Time-reckoning : A Study in the Origins and First Development of the Art of Counting Time Among the Primitive and Early Culture Peoples, Volume 1*, Éd. Gleerup, 1920.
[114] Robert Graves, op. cit., page 707.

mère-sœur est trouble. Nous verrons tout au long de cette étude que la Grande-Déesse s'éparpille en statuts et rôles qui rendront son identification et celle de ses avatars pour le moins délicates.

***

La cosmo-théogonie canonique durant l'époque classique était celle émise par le poète Hésiode. Elle est sans aucun doute une synthèse de traditions préhélléniques, de sources orientales et possède quelques bribes parvenant de Crète. Elle fut remaniée par Homère environ deux siècles plus tard avec des ajouts orphiques et/ou asiatiques sur lesquels nous reviendrons rapidement. La religion olympienne ainsi acceptée commence de la sorte : du Chaos primordial naquirent Éros, le Tartare et Gaïa (Terre). Gaïa, d'elle-même, engendra trois fils Ouranos (Cieux), Pontos (Flots marins) et Ouréa (Montagnes). Chaos mit ensuite au monde Érèbe (Ténèbres) et Nyx qui à leur tour engendrèrent Éther (Ciel supérieur) et Héméra (Lumière du jour). Gaïa s'unit à son fils Ouranos et produit plusieurs races divines : les Titans, les Hécatonchires et les Cyclopes. Les Titans et Titanides étaient au nombre de douze, six mâles et six femelles. Les Hécatonchires et les Cyclopes étaient respectivement trois. Ouranos avait en haine ses rejetons qu'il condamnait à rester cloitrés au sein de la Terre leur mère. Gaïa souffrait de ne pouvoir se libérer de ses enfants et ourdit un complot avec le plus fourbe des Titans. Aussi fournit-elle à Kronos une faucille d'airain qu'il utilisa pour émasculer son géniteur (séparation symbolique du Ciel et de la Terre). Le sang de ce dernier féconda la Terre qui produit au cours des années qui suivirent les Géants et les Érinyes, divinités chtoniennes[115] respectivement masculines et féminines. Les belles Nymphes naquirent également de la Terre suite à cette aspersion céleste. De la semence d'Ouranos tombée dans la mer naîtra Aphrodite (chez Homère la déesse de l'amour naquit de Zeus et de Dioné).

Succédant à cette première création divine, les souverains Kronos et Rhéa deviendront parents de la première génération d'Olympiens ; c'est la seconde création divine. Seulement Kronos

---

[115] L'adjectif *chtonien* se rapporte aux dieux souterrains, voire infernaux.

ne veut pas d'héritiers ; plutôt que d'enfermer ses enfants au sein de Rhéa (comme Ouranos) il avale inlassablement tous les nouveau-nés sortant du ventre de sa sœur-épouse. Le dernier né de Rhéa, Zeus, sera détourné de l'ineffable appétit de son père qui, pensant dévorer son bébé, avala des langes lestés d'une pierre. Le stratagème de Rhéa ayant ainsi fait son office, il était temps pour Zeus d'être appelé par son destin... celui de libérer ses frères et sœurs avant de détrôner ensemble leur terrible géniteur. Après que Kronos fut vaincu, Zeus et ses frères Poséidon et Hadès se partagèrent la souveraineté de la Terre : Zeus s'octroya le ciel, Poséidon les océans et Hadès prit le pouvoir du Séjour infernal. Même si la Terre est censée appartenir à tout le monde, Zeus en revendique sans vergogne la souveraineté. La première génération d'Olympiens prit le pouvoir et s'installa sur la montagne éponyme.

La seconde génération olympienne pouvait voir le jour ; Zeus en sera le principal pourvoyeur, d'abord par les Titanides Métis et Thémys – ses tantes –, puis par son épouse légitime – sa sœur Héra – et enfin par l'entremise de nombre de déesses et de mortelles dont il partagea la couche le temps d'une nuit aventureuse. Notons que le cas de Métis est un peu particulier en ce sens que Zeus l'avala tout entière. Suite à une période de *gestation,* son crâne le faisant souffrir au plus haut point, il demanda à son fils Héphaïstos de lui fendre la tête à l'aide d'un marteau : Athéna en émergea toute en armes vêtue. Comme nous le verrons plus loin, ce curieux épisode a peut-être une origine orientale, pour ne pas dire anatolienne. Quant au crâne pourvoyeur de vie, nous reviendrons sur cette étrange particularité dans le tome 3 lorsque nous évoquerons les Celtes et le Graal.

À quelques détails près Homère reprit la même théogonie. Il y a cependant pour le rédacteur de L'*Iliade*[116] un couple original précédant Ouranos et Gaïa. Il s'agit d'Okéanos et de Téthys deux divinités de nature aqueuse ayant émergé spontanément d'une source aquatique primordiale. Okéanos est donné pour le "*Père des dieux*" et Téthys leur mère. Homère va même jusqu'à qualifier Okéanos de "*Père de tous les êtres*". Cette prééminence de deux

---

[116] Homère, *Iliade*, Chant XIV, v. 201, 246, 302.

déités aquatiques, une mâle et une femelle, à l'origine de tout, nous la retrouvons ci-après dans un mythe cosmogonique pélasge. Il est surprenant toutefois de ne pas trouver clairement chez Homère les liens de parenté entre le couple originel Okéonos-Téthys et Ouranos-Gaïa qui joueront dans la suite des épopées homériques l'exact rôle qu'ils tiennent chez Hésiode. Ces derniers sont-ils les enfants des premiers ou en sont-ils plus simplement des avatars ? Il semblerait qu'ils soient une récupération tardive du couple Tiamat / Apsû[117] de la mythologie babylonienne et qu'en ce sens nous puissions les assimiler. Nous les nommerons ainsi Téthys-Gaïa et Okéanos-Ouranos.

***

Le mythe pélasge suivant est une reconstitution de Robert Graves sous forme de récréation poétique. Il donne une version mythique de la création selon les peuples pré-héelleniques :

"*Au commencement, Eurynomé, déesse de Toutes Choses, émergea nue du Chaos mais elle ne trouva rien de consistant où poser ses pieds, c'est pourquoi elle sépara la mer d'avec le ciel et, solitaire, dansa sur les vagues. En dansant, elle se dirigea vers le sud et le vent agité sur son passage devint quelque chose de nouveau et de différent : elle pourrait ainsi faire œuvre de création. Poursuivant son chemin de sa démarche onduleuse, elle s'empara de ce vent du Nord, le frotta entre ses mains et voilà qu'apparut le grand serpent Ophion. Eurynomé dansait pour se réchauffer ; elle dansait, sauvage et frénétique, devant Ophion et celui-ci, lentement, envahi par le désir, s'enroula autour de ses membres divins et s'unit à elle. Ainsi le vent du Nord, qu'on appelle aussi Borée, est fécondant, et c'est pourquoi les juments offrent leur croupe au vent et mettent au monde leurs poulains sans l'aide d'aucun étalon.*[118]

---

[117] *Enūma Eliš*, lignes 1-5.
[118] La croyance antique prêtait au vent, ainsi qu'aux cours d'eau, la vertu de féconder les femmes. La prise de conscience de la fécondation de la femme par l'homme entraîna sans aucun doute l'émergence des premières organisations sociales patriarcales dans certaines régions du monde.

C'est de la même manière qu'Eurynomé devint mère.

Ensuite ayant pris la forme d'une colombe, elle couva sur les vagues et, lorsque le moment fut venu, elle pondit l'Œuf Universel. Sur sa demande Ophion s'enroula sept fois autour de cet œuf jusqu'à ce qu'il éclose et se brise. Et de cet œuf sortirent ses enfants, c'est-à-dire tout ce qui existe : le Soleil, la Lune, les planètes, les étoiles, la terre avec ses montagnes, ses rivières, ses arbres, ses plantes et toutes les créatures vivantes. Eurynomé et Ophion choisirent le mont Olympe pour demeure. Mais il l'irrita en proclamant qu'il était l'auteur de l'univers. Alors elle lui écrasa la tête avec son talon, lui brisa les dents et l'exila dans les sombres cavernes de dessous la terre.

Puis la déesse créa les sept puissances planétaires et les fit gouverner chacune par un Titan et une Titanide ; Théa et Hypérion régnaient sur le Soleil ; Phoebe et Atlas sur la Lune ; Dioné et Crios sur la planète Mars ; Métis et Coeos sur la planète Mercure ; Thémis et Eurymédon sur la planète Jupiter ; Téthys et Océan sur Venus ; Rhéa et Kronos sur Saturne. Mais le premier homme fut Pélasge, l'ancêtre des Pélasges ; il naquit du sol d'Arcadie et d'autres le suivaient à qui il apprit à faire des huttes, à se nourrir de glands et à coudre des tuniques en peaux de porc pareilles à celles que portent encore les gens pauvres en Eubée et en Phocide."[119]

Nous retrouvons dans ce texte des thèmes déjà croisés ici et là : la séparation du ciel et de la terre, l'accouplement d'un principe mâle et d'un principe femelle primordiaux, la création spontanée de l'un des deux principes, le principe féminin planant au-dessus des Eaux des origines, la déesse pondant un Œuf Cosmique sous la forme d'un oiseau aux ailes sombres, la manifestation du temps et de l'espace à l'éclosion de l'œuf du Monde... etc.

Ophion (signifiant "serpent" en grec ancien) répond à l'Okéanos d'Homère qui est décrit non comme un océan comme

---

[119] Robert Graves, op. cit., pp. 39-40.

laisserait supposer son nom mais comme un fleuve entourant l'univers. Il en constitue la limite, les confins – décrirait-il la Voie lactée ? Téthys dont l'étymologie est incertaine pourrait se rapprocher du terme grec signifiant "nourrice", donnant à la déesse primordiale homérique une nature quasi gaïenne. Le terme grec Εὐρυνόμη / Eurunómê se traduit sans problème en la "Grande Voyageuse" impliquant que la déité a parcouru l'univers avant de choisir son lieu de "chute". Comme beaucoup de Titans[120] ou de dieux archaïques, Téthys-Eurynomé et Okéanos-Ophion deviendront et demeureront des *dei otiosi* c'est-à-dire des dieux sans culte ni implication dans les mythes ; sans action sur le Monde manifesté et ordonné par Zeus.

Notons que dans les récits hésiodiques, Eurynomé est une Océanide, fille du couple de Titans Okéanos et Téthys démontrant un peu plus l'influence des cosmo-théogonies préhélléniques sur les récits classiques.

Je vois dans Eurynomé et Téthys des avatars de Gaïa, divinités d'eau douce, à la fois tendres et terrifiantes, sources de vie, déesses nourricières, mères et amantes d'un dieu ophidien qui ceinture le Monde, génitrices de couples de Titans appelés à succéder aux forces primordiales et à être remplacés par les Olympiens, garants d'un ordre divin nouveau... Pausanias écrit au IIe siècle avant notre ère qu'on pouvait toujours voir à son époque près de Philagie en Arcadie un sanctuaire dédié à Eurynomé ; on y vénérait une statue de l'antique déesse représentée comme une femme jusqu'aux hanches et, à partir de là, comme un poisson.[121]

Enfin, d'autres récits – plus philosophiques que mythologiques – de la Création nous sont parvenus de Crète (par le chaman Epiménide de Crète) ou de Grèce (par le poète Alcman) mais

---

[120] Ils ne seront véritablement actifs que lors de la Titanomachie. Leur présence sera malgré tout ressentie à travers le culte des Anciens pour les sept planètes de l'Antiquité, chaque Titan (ou plutôt couple de Titans) incarnant l'une de ces planètes. Le nombre 7 deviendra un invariant socioculturel et religieux ; ainsi nos ancêtres composeront-ils les semaines de sept jours ; il existera dans quantité de traditions un récit de la Création en sept étapes (voir tableau du sous-chapitre 4) ... etc.
[121] Catherine Salles, op. cit., pp. 88-89.

n'apportent rien de plus à notre recherche si ce n'est que chez Epiménide, le Tartare est le père de deux Titans primordiaux (Okéanos et Téthys ?) à l'origine de l'Œuf Cosmique de la Création. Cette mise en exergue du Tartare ne nous surprend guère : de notre point de vue, les grands dieux primordiaux parfois identifiés à des Titans sont assimilables les uns aux autres. Ainsi développerons-nous dans l'arbre généalogique des dieux grecs cette idée qu'à l'origine Okéanos, Ophion et Ouranos formaient une seule entité originelle. Dans ce cas, et s'il devait y avoir un prédécesseur à ce principe mâle créateur, le Tartare serait en bonne place pour figurer parmi les entités créées au tout début des Temps. Rappelons que le Tartare est la région la plus abyssale des Enfers ; il pouvait en être autrement à l'origine. Comme nous le verrons au prochain sous-chapitre, les entités masculines premières ont une certaine tendance à être précipitées dans les bas-fonds de la Création après leur œuvre accomplie – voire clairement à s'identifier avec l'Abysse. La chute étant parfois provoquée par leur partenaire féminine.

Ci-après une matrice résumant les principaux protagonistes de la mythologie grecque que nous allons traiter dans nos essais :

Divinité	Époux/Amant	Centres religieux	Symboles	Animaux
Aphrodite	Adonis, Arès, Héphaïstos	Cythère, Rhodes, Corinthe	Myrte, Pomme, Grenade	Lion, Colombe, Cygne
Apollon	Coronis	Delphes, Lundos, Délos, Corinthe	Soleil, Lyre, Arc et flèches, Cornes de bovins, Laurier	Corbeau, Cygne, Coq, Serpent, Loup
Arès	Aphrodite	Sparte, Thèbes	Lance, Casque, Bouclier	Chien, Vautour, Sanglier
Artémis		Grèce	Croissant de Lune, Arc et flèches, Myrte	Animaux sauvages (Ours, Lion, Cerf...)
Asclépios	Épione	Trikka, Épidaure	Bâton d'Asclépios	Coq, Chien, Serpent
Athéna		Athènes, Rhodes, Sparte	Casque, Lance, Olivier, Égide	Chouette, Serpent

Atlas	Pléioné, Éthra		Terre, Pomme	
Déméter	Poséidon, Zeus, Hadès	Éleusis, Thermopyles, Samothrace	Flambeau, Blé	Serpent, Bélier
Dionysos	Ariane	Athènes, Éleusis, Éphèse	Pomme de pin, Thyrse, Vigne, Torches, Marais	Bouc, Taureau, Serpent, Panthère, Dauphin, Âne
Gaïa	Ouranos	Grèce	Terre	Serpent
Hadès	Perséphone	Samothrace, Éleusis	Corne d'abondance, Kunée, Cerbère	Serpent
Hébé	Héphaïstos	Athènes, Corinthe	Ambroisie, Nectar	
Hécate		Colophon	Torches, Pommes, Sabres, Clés, Coupes, Lune	Lion, Cheval, Chien, Serpent
Héphaïstos	Aphrodite, Charis	Athènes, Lemnos	Marteau, Enclume, Pinces, Feu	Âne
Héra	Zeus	Grèce	Olympe, Sceptre, Grenade	Paon, Génisse
Hermès	Péitho	Crète, Arcadie	Casque ailé, Caducée	Bélier, Tortue, Grue
Hestia		Grèce	Foyer, Feu, Âtre	
Kronos	Rhéa		Serpe	Taureau, Serpent
Léto	Zeus	Délos, Argos	Arc/Flèches, Vases canopes	
Nyx	Érèbe			Oiseau aux ailes sombres
Okéanos	Téthys		Élément liquide	Serpent
Ouranos	Gaïa		Étoiles	
Pan	Séléné	Arcadie	Cornes et pattes de bouc, flûte	Bouc
Perséphone-Koré	Hadès, Adonis	Samothrace, Éleusis, Thèbes, Mégare, Arcadie, Sicile	Grenade, Blé	Serpent
Poséidon	Anphitrite	Éleusis, Délos, Tinos	Trident, Atlantide	Cheval, Dauphin, Taureau

Rhéa	Kronos	Grèce, Italie	Trône, Pierre noire[122] (Bétyle)	Lion
Séléné	Pan, Zeus	Grèce	Lune, Torches	Cheval, Taureau
Zeus	Héra	Grèce	Foudre, Chêne	Aigle

---

[122] Cette pierre noire se retrouve dans le mythe phrygien de Cybèle, l'équivalent local de Rhéa. C'est évidemment la roche que fait avaler Rhéa à Kronos afin qu'il ne mange pas leur fils Zeus. Dans le *Chant de Kumarbi* abordé plus bas, c'est une pierre de basalte qu'Éa fait ingurgiter à Kumarbi afin qu'il ne dévore pas le futur dieu de l'orage Tešub. Enfin, la pierre du temple solaire d'Héliopolis est également un bétyle tombé du ciel et figure le Benben, le tertre primordial sorti des eaux glacées du Nun. Le bétyle est intimement lié à un acte transformateur divin. Sa couleur nous renvoie aux figurations égyptiennes d'Isis et à celles des Vierges noires d'Europe occidentale.

LES CHRONIQUES DU ǦÍRKÙ À L'ÉPREUVE DE LA MYTHOLOGIE COMPARÉE

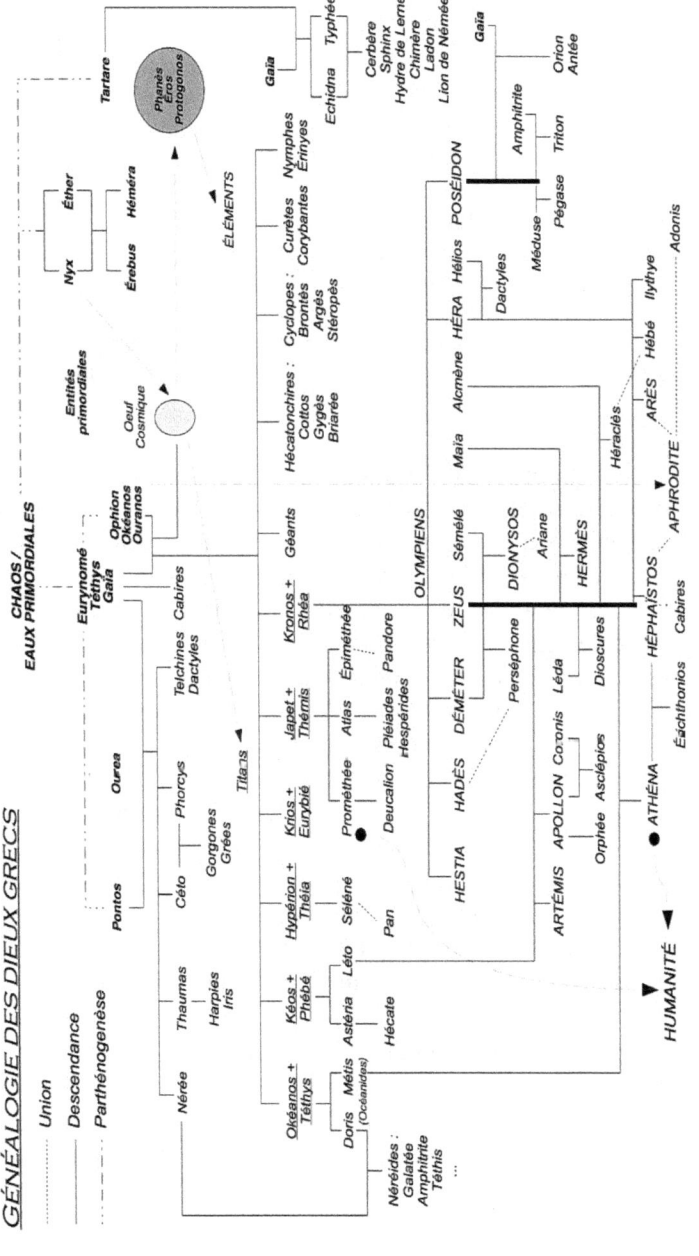

4 - Cycle de Kumarbi et Synthèse Cosmo-Théogonique

> *"Anu fut le roi du ciel pendant seulement neuf ans.*
> *Dans la neuvième année, il livra bataille à Kumarbi.*
> *Kumarbi, fils d'Alalu donna bataille à Anu.*
> *Incapable de résister au regard de Kumarbi plus longtemps,*
> *Anu s'échappa de l'emprise de Kumarbi fuyant comme un oiseau, Anu alla au ciel.*
> *Kumarbi se lança à sa poursuite, il saisit le pied d'Anu et le fit tomber du ciel."*
> **Extrait du *Chant de l'émergence*, Cycle de Kumarbi, CTH344, KUB 33.120, lignes 10-14.**

À la frontière de l'Anatolie et de l'ancienne Mésopotamie s'est développée durant l'Âge de Bronze une société mystérieuse dont la capitale n'a toujours pas refait surface : celle des Hourrites. Succédant aux Hourrites et identifiés plus à l'ouest, dans les régions centrales de l'actuelle Turquie, les Hittites – société extrêmement multiculturelle et multiethnique, dont le royaume était surnommé le "Pays aux mille dieux" – ont récupéré bon nombre des traditions orales de leurs prédécesseurs sans doute en partie repris des mythes mésopotamiens ; ils les ont compilés dans un recueil de textes nommé *Le Cycle de Kumarbi*. Ce Cycle est composé de cinq récits retrouvés sur des tablettes d'argile à Hattuša, la capitale hittite : le *Chant de Kumarbi*, le *Chant de l'argent personnifié*, le *Chant de Lamma*, le *Chant d'Hedammu* et le *Chant d'Ullikummi*. À notre grand regret, ce ne sont pas des textes intégraux qui ont pu être traduits, de nombreux fragments de textes étant irrémédiablement endommagés.

Les textes sur lesquels nous allons porter notre attention pour cet essai sont le *Chant de Kumarbi* et le *Chant d'Ullikummi.* Dans le premier nous pouvons lire que le premier roi des Cieux était le dieu Alalu. Il régna durant neuf années avant que son serviteur et fils Anu ne décide de le détrôner. Vaincu, Alalu prit la route de la Terre Sombre (le Monde souterrain ?). Anu s'assit sur le trône et Kumarbi, lui aussi fils d'Alalu, devint son échanson. Pendant neuf ans Anu régna sur le Ciel avant que Kumarbi ne lui livre bataille. Prenant le dessus sur Anu qui fuyait vers le ciel, Kumarbi saisit la jambe du roi des Cieux et le castra avant d'avaler son sexe. Ce dernier avertit son "frère" : sa semence a placé trois grands dieux dans le ventre de Kumarbi dont le dieu de l'orage Tešub,[123] destiné à le détrôner. Anu alla se cacher dans les nuages tandis que Kumarbi réussit tant bien que mal à recracher quelques morceaux des parties intimes de son "frère". Après sept mois de gestation, les premières douleurs commencèrent. Plusieurs dieux voulurent sortir du corps de Kumarbi. Le dieu-héros KA.ZAL naquit en émergeant du crâne du maudit fils d'Alalu. Ce dernier prémédita d'avaler Tešub dès qu'il sortirait de son corps. Il s'enquit de l'aide d'Éa et de sages-femmes qui devaient aider Kumarbi à accoucher du dieu de l'orage par le "bon endroit". Ce "bon endroit" a tout lieu d'être l'entrejambe ; la cuisse de Kumarbi. Cependant avant que Kumarbi n'avalât le nouveau-né, Éa l'échangea avec une pierre de basalte. Suite à quoi Anu et Éa participeront à l'éducation et à la formation de Tešub dans le but qu'il prenne un jour le pouvoir. La suite du texte est trop fragmentaire pour en réaliser une transcription précise mais tous les traducteurs s'accordent sur ce point : Tešub finit par régner sur les Cieux, impliquant la victoire sur son ascendant. Nous décrirons les événements du *Chant d'Ullikummi* lorsque nous évoquerons les théomachies (guerres divines) du prochain chapitre. Sachez aussi que dans ce récit Tešub est amené à combattre le serpent géant Illuyankaš, qu'il vaincra comme Zeus a terrassé Typhée.

Représentation du dieu de l'Orage Tešub terrassant le dragon géant Illuyankaš,

---

[123] Tešub est le nom hourrite du dieu de l'orage décliné en Tarḫu chez les Hittites ou Tarḫun chez les Louvites. Nous conserverons le nom hourrite dans nos dossiers.

Bas-relief sur calcaire néo-hittite (850-800 av. J.-C.) trouvé à Malatya. Musée des civilisations anatoliennes, Ankara.

Les analogies entre ce récit et les mythes précédents (notamment ceux d'Hésiode) sont frappantes. Comment expliquer ces rapprochements ? Sous deux angles ; celui de l'origine des peuplades impliquées et de leurs brassages ultérieurs. En effet, les Hittites et les Mycéniens sont les descendants de deux groupes indo-européens distincts arrivés dans leurs territoires respectifs vers la fin du IIIe siècle av. J.-C. Après une cohabitation plus ou moins pacifique avec les autochtones anatoliens (pour les premiers) et préhélléniques (pour les seconds), ils imposèrent petit à petit leur langue, leur culture et leurs divinités. Tout en s'adaptant néanmoins respectivement à leur contexte socioculturel local, les Mycéniens réalisant des emprunts à la civilisation des Cyclades, les Hittites à celle de l'Empire d'Akkad et aux Hourrites. Par la suite les Grecs installèrent quelques colonies en Asie Mineure, favorisant les échanges entre les sociétés européennes et orientales : Hésiode pouvait ainsi (r)établir des parallèles entre les traditions orales qu'on lui avait transmises en Grèce et les récits mythologiques hittites. Ou bien il s'inspira majoritairement des récits anatoliens qu'il combina avec des bribes de mythes d'origine mycénienne. Toujours est-il que les traditions ancestrales se sont retrouvées – et quelles retrouvailles ! – dans les récits d'Hésiode.

***

Nous allons à présent établir un tableau comparatif des différentes cosmo-théogoniques suméro-akkadiennes, égyptiennes, hourro-hittites et orpho-helléniques afin d'en faire ressortir les analogies les plus pertinentes et les motifs récurrents :

Corpus Mythologique / Élément de Mythe	Sumer & Akkad	Égypte	Anatolie	Grèce
Élément primordial	Eau	Eau		Eau
Entités primordiales		Rê – Thot – Ptah – Œuf Cosmique		Chaos – Nyx – Œuf Cosmique – Phanès
Couple primordial	Apsû + Tiamat	Nun + Naunet-Apophis		Okéanos-Ophion + Téthys-Eurynomé
Souverain primordial	Apsû	Nun ?	Alalu	Okéanos-Ophion
Esprit planant au-dessus des eaux du Néant		Atum		Nyx
Mère des Origines	Tiamat	Atum (androgyne)		Gaïa
Nature gémellaire des premiers enfants divins	Laḫmu/ Laḫamu Anšár / Kišár Šakkan / Tiamat Kuš / Ua-Ildak Ḫaḫarnum / Bêlet-Ṣeri	Shu / Tefnut Geb / Nut Osiris / Isis		Titans (Hésiode) : Hypérion / Théia Japet / Thémis Kéos / Phébé Krios / Eurybié (ou Mnémosyne) Kronos / Rhéa Okéanos / Téthys
Groupes divins premiers	Diğir.Galgal, Anunna, Igigi	Ennéade (Héliopolis), Shebitiu (Edfu), Ogdoade (Hermopolis)		Titans, Hécatonchires, Cyclopes, Géants, Nymphes, Érinyes
Naissances extraordinaires			KA.ZAL naît du crâne de Kumarbi / Tešub naît de la cuisse de Kumarbi	Athéna naît du crâne de Zeus / Dionysos naît de la cuisse de Zeus
Combat avec Serpent-Dragon	Marduk terrasse Tiamat	Seth repousse Apophis	Tešub vainc Illuyankaš	Zeus défait Typhée

Transmission du pouvoir par lignage masculin	Apsû → Laḫmu/ Laḫamu → Anšár / Kišár → Anu → Enki → Marduk (*Enūma Eliš*) ou Harbu → Šakkan → Laḫar → Fils de Laḫar → Kuš → Ḫaḫarum → Ḫayyašum (*Théogonie de Dunnu*)	Nun → Atum → Amon-Atum-Rê → Shu → Geb → Osiris → Horus (Héliopolis)	Alalu → Anu → Kumarbi → Tešub (*Chant de Kumarbi*)	Okéanos-Ophion (Homère / Pélasges) → Ouranos → Kronos → Zeus (→ Dionysos pour l'Orphisme)
Sept étapes de création	Sept générations divines (*Théogonie de Dunnu*)	Sept paroles/flèches de Neith (Saïs)		Sept tours d'Ophion autour de l'œuf d'Eurynomé (Pélasges)
Séparation du Ciel et de la Terre (des Ténèbres et de la Lumière)	Tiamat découpée par Marduk (*Enūma Eliš*) ou Enlil sépare Anu et Ki (*Le Bétail et le Grain*) ou Ki est séparée de Ḫarbu (*Théogonie de Dunnu*)	Séparation de Geb et de Nut par Atum ou Shu Nun éclairé par Rê	Castration d'Anu par Kumarbi (Anu s'identifie au Ciel)	Gaïa séparée d'Ouranos par Kronos Coquille supérieure de l'Œuf Cosmique devient le Ciel, partie inférieure devient la Terre (Orphisme) Chaos illuminé par Héméra
Rejetons divins "coincés" dans corps de divinité primordiale	Tiamat (*Enūma Eliš*)		Kumarbi (*Cycle de Kumarbi*)	Gaïa (Hésiode)
Remplacement de nouveau-nés par une pierre			Éa remplace enfant de Kumarbi par pierre de basalte	Rhéa remplace enfant de Kronos par rocher

Résumons : la grande majorité des cosmo-théogonies rapporte l'existence d'un élément originel, un Abîme, un Chaos parfois personnifié par un dieu mais toujours de nature aqueuse.[124] Chez les Mayas Quichés – dans leur livre saint, le Popol Vuh –, il est question d'un Océan calme et d'un Ciel immense.[125] De cette Béance naît un couple primordial ophidien ou un principe créateur ultra-fécond mâle et/ou femelle. Ce principe ou couple prépare les premiers éléments de la Création divine tandis qu'en parallèle d'autres éléments peuvent jaillir du Chaos (Ténèbres, Nuit, Lumière...). Dans le Popol Vuh, nous trouvons dans les eaux le *Cœur du Paradis*, une assemblée de plusieurs divinités créatrices comme le Créateur, le Fabricant, les Grands Ancêtres (parmi d'autres).[126] Une gestation créatrice est parfois à l'œuvre sous la forme d'un Œuf Cosmique, un œuf argenté pondu et couvé par un principe créateur sous la forme d'un oiseau géant ou d'un groupe de couples célestes. De cet œuf émerge une lumière éclatante qui chauffe l'Univers sombre et froid.

Nous pouvons assimiler l'œuf[127] d'argent à la Lune et la lumière créatrice au Soleil. Dans l'Antiquité il était considéré que le Soleil était né de la Lune et celle-ci inspirait une peur superstitieuse contrairement à l'astre du jour. La Lune est devenue féminine et le Soleil masculin – bien qu'étant à l'origine deux luminaires consacrés à la Déesse. Cela nous est resté aujourd'hui.

Il semblerait que ces notions existaient déjà dans les religions européennes du Paléolithique comme en témoigne une surprenante gravure de Laussel (Dordogne, France) vieille de 25 000 ans figurant un œuf dans lequel semblent s'accoupler un homme et une femme – à moins qu'ils ne se séparent l'un de l'autre d'un principe

---

[124] Un mythe cosmogonique polynésien décrit un commencement où n'existaient que les Eaux et les Ténèbres. Io, le Dieu suprême, sépara les Eaux par la puissance de la pensée et de ses paroles, et créa le Ciel et la Terre. Il déclara : "*Que les Eaux se séparent, que les Cieux se forment, que la terre soit !*"
[125] Popol Vuh, L1 :C1 :P3.
[126] Ibidem, L1 :C1 :P6. Nous aurons l'occasion de réévoquer les Mayas Quichés dans les tomes 2 et 3 de *Quand les dieux foulaient la Terre*, pour leur proximité culturelle, notamment mythologique, avec les Grecs anciens.
[127] Les Dogons d'Afrique occidentale identifient pour leur part l'Œuf du Monde à la mère fécondée par la parole du dieu créateur Amma. En outre, Ahura Mazda, l'équivalent d'Enki dans la religion mazdéenne des Perses, a déclaré avoir donné au ciel et à la terre la forme d'un œuf.

androgyne primordial ? La chose est libre d'interprétation mais le concept était déjà bien établi bien des millénaires avant les religions du Néolithique.

Nous sommes donc dans une création héliocentrique, plaçant le système solaire et la Terre au centre de l'Univers. Parfois la matière apparaît comme une terre émergée suite à l'action de la parole ou du Verbe divin (Hermopolis).[128] Après les premières étapes de la Création, un autre motif récurrent apparaît : le dieu identifié au Chaos aquatique disparaît du décor. Apsû est destitué et assassiné par Enki-Nudímmud, Nun est rejeté aux confins de l'Univers par Rê, Alalu se retire dans la Terre Sombre et Ophion-Okéanos est écrasé et envoyé dans le Monde souterrain par Eurynomé-Téthys.[129] Le Monde infernal était notamment nommé *Arallu* par les Assyro-babyloniens. Retrouvons-nous là la fameuse Terre Sombre où le premier roi des Cieux hourro-hittite Alalu s'en est allé après avoir été défait par son fils et échanson Anu ? Ce roi déchu finit-il par être identifié à son ultime demeure, comme c'était le cas pour Hadès en Grèce antique ? À n'en pas douter.

Une Mère des Origines porte en son sein les futurs enfants qui régneront sur l'Univers (Tiamat, Gaïa, voire Kumarbi qui est un principe mâle) mais le père veille à ce qu'ils ne viennent pas au monde. Une séparation symbolique du Ciel et de la Terre a lieu : Enlíl sépare Anu (Ciel) et Ki (Terre) tandis que Marduk tranche Tiamat en deux faisant du haut de son corps le Ciel et le bas, la Terre ; la séparation entre Ki (Terre) et Ḫarbu (Char céleste) dans la *Théogonie du Dunnu* par la mort de ce dernier peut aussi s'interpréter dans ce contexte ; Rê s'élève dans le ciel égyptien au-dessus de la Colline primordiale (Benben-Tanen) et Geb est éloigné de Nut par Atum ou Shu ; Kumarbi met en fuite Anu et

---

[128] Les mythes de la création polynésiens font état de la création du Ciel et de la Terre depuis le chaos originel par la vibration de la parole divine.
[129] Notons que dans la Genèse un esprit du Seigneur féminin couve la face des eaux sans pour autant pondre l'Œuf Cosmique. Nous pouvons également y lire que Ève, la Mère de tous les vivants, reçoit l'ordre d'écraser la tête du serpent qui n'est ici pas précipité dans les Abîmes.

enfin Kronos éloigne Ouranos de Gaïa.[130]

Ce clivage des sphères célestes et terrestres marque assurément la séparation de la souveraineté de l'Univers entre les puissances chtoniennes et ouraniennes. Est-ce là une description allégorique du départ d'Uraš vers des destinations célestes[131] d'une partie des Gina'abul et Kingú, créés sur notre planète par Barbélú-Gaïa, afin de fuir la folie destructrice de son fils Ia'aldabaut ? Dans la tradition hellénique, le Pseudo-Apollodore rapporte une variante de ce mythe : la Terre et le Ciel, qui s'étaient séparés à la suite d'un combat mortel, s'étaient ensuite réunis dans l'amour. Le tragique athénien Euripide y fait également allusion[132] ainsi que le poète Apollonios de Rhodes.[133] Cette réunion, marque-t-elle le retour des Kingú fugitifs vers leur foyer originel ? Nous pourrions aussi interpréter ces mythes comme la séparation de Pištéš – que nous assimilerons sans peine à la Terre – de son amant Éa'am qui s'est égaré dans les limbes spatio-temporels. Il est probable que cette dichotomie entre les pouvoirs célestes et terrestres marque plusieurs événements sans lien entre eux. Celui que je viens de décrire par exemple (voir fin du tome 1 et début du tome 2 des *Chroniques*) la défaite de la reine Tiamata et le départ des Kadištu du système solaire ; épisode qui marqua la victoire du clan Ušumgal-Anunna sur le reste de leurs frères Gina'abul, du moins dans cette partie de l'univers, et qui leur permit de prendre le contrôle d'Uraš.

***

S'en suivent diverses créations divines, de groupes de divinités. La domination du Monde pose évidemment problème : le lignage masculin est très prégnant même si ce sont parfois des couples

---

[130] Chez les Maoris de Nouvelle-Zélande, c'est Tanemahuta (ou Tutenganahau), l'un des enfants du Ciel (Rangi) et de la Terre (Papa), qui sépare ces derniers, alors qu'à Tahiti une plante soulève le Ciel qui sera mis en place par le dieu Rou. En revanche, chez les Zuñis du Nouveau-Mexique, c'est la Terre elle-même (Aouitchin Tsita) qui repousse son époux céleste (Apoyan Tachu), avec lequel elle se trouvait cependant unie à l'origine.
[131] Anton Parks, *Le Livre de Nuréa*, op. cit., pp. 237-240.
[132] Euripide, *La Sage Mélanippé*, fragment 484.
[133] Apollonios de Rhodes, *Argonautiques*, I. 494.

frère-sœur qui conspirent contre leurs aînés (*Théogonie de Dunnu*). Toujours est-il que les Rois des Cieux sont détrônés par leurs fils qu'ils maudissent en leur prophétisant le même destin funeste que le leur ; ce qui ne manque jamais de se produire. Ainsi partout, excepté en Égypte, des divinités mâles détrônent leurs ascendants jusqu'à la prise de pouvoir d'un dieu des Vents et de l'Orage qui institue un ordre, une stabilité, une société divine (Marduk, Tešub, Zeus). Avant d'assumer pleinement ses fonctions, ce Dieu-Père doit en découdre avec un monstre aquatique, un serpent-dragon issu d'une force primordiale (Kingu et Tiamat, Apophis provient de Nun, Typhée provient de Gaïa). Cette allégorie démontre la dichotomie opérant entre les forces primitives, sombres, aqueuses, souterraines, chaotiques, souvent de nature féminine et celles représentées par Zeus et ses avatars masculins qui apportent l'ordre, la civilisation, la lumière. Ces récits particuliers essaient-ils de nous dire que le système matrilinéaire ancestral célébrant des Grandes-Déesses a cédé, à l'époque de l'élaboration du *mythe du serpent terrassé*, face aux croyances de peuples inquisiteurs aux mœurs patriarcales ?

Comment conclure ce chapitre ? Ces divers rapprochements doivent-ils nous interroger ? Très peu finalement. Nous savons qu'il y a eu de nombreux échanges entre les cultures d'ancienne Mésopotamie (Akkadiens / Babyloniens) et leurs voisins d'Asie Mineure (Hourrites / Hittites) avant que l'Anatolie ne devienne l'une des régions colonisées par les Grecs anciens. Ces mêmes Grecs étant un peuple composite, un assemblage de peuplades indo-européennes et d'une civilisation minoenne florissante dont le centre politico-religieux se trouvait sur l'île de Crète (dont les premiers colons, les fameux Minoens, provenaient d'Anatolie). Des Crétois en contacts réguliers avec la civilisation des Deux Terres qui deviendra elle-même une province de la Grèce à l'époque ptolémaïque. Il n'est ainsi point étonnant de voir concentrés en Grèce chez Hésiode puis Homère un nombre aussi important de thèmes et de motifs mythologiques présents dans des corpus étrangers. La recherche génétique sur les haplogroupes, groupes généalogiques descendants d'un ancêtre commun de la préhistoire – dont nous reparlerons, valident sans équivoque notre thèse d'une double influence proche/moyen-orientale et égyptienne sur les Grecs : les lignages patrilinéaires majoritairement présents aujourd'hui en Grèce étant J2 et E1b1b, respectivement originaires (et toujours largement répandus en ces régions) du Moyen-Orient et d'Afrique du Nord.[134]

Que signifient ces mythes ? pourrons-nous terminer nos essais et répondre à cette question ? Probablement pas. Nous nous efforcerons en revanche de confronter ces motifs mythologiques avec les "souvenirs" rapportés par Anton Parks. À l'issu du chapitre suivant, nous établirons un nouveau comparatif sous forme de tableau présentant objectivement les similitudes les plus troublantes entre corpus mythologiques et récits "parksiens".

---

[134] Pour plus d'informations sur les dernières recherches sur le domaine des haplogroupes et les mouvements migratoires survenus en Europe (et ailleurs !) durant la préhistoire jusqu'à nos jours, je ne saurais que trop vous conseiller de vous rendre sur ces sites web, véritables références francophones dans le domaine de la généalogie génétique (notamment nombreux papiers d'actualité traduits de l'anglais et analysés par Bernard Sécher sur son Blog) :
http://secher.bernard.free.fr/blog/
http://www.eupedia.com/europe/origines_haplogroupes_europe.shtml

CHAPITRE III

RÉCITS DES PREMIÈRES GUERRES

"Mais les autres dieux n'ont alors plus eu aucun repos, tourmentés par les orages de Marduk, ils ont conspiré secrètement en leurs cœurs. Ils s'approchèrent de Tiamat. À leur mère ils ont dit :
"Ils ont tué Apsû, votre conjoint, et vous n'avez pas bougé, vous ne lui avez apporté aucune aide. (...) Réveillez-vous notre Mère ! Vengez-vous et rendez-les aussi vides que le vent. Vous allez vous convertir en notre force vengeresse et nous marcherons à vos côtés et nous irons au combat" (...)
Tiamat les a approuvés, elle a dit : "J'approuve ce conseil : nous ferons des monstres, et les monstres et les dieux marcheront dans la bataille ensemble contre eux."
Ensemble ils se sont bousculés pour marcher avec Tiamat, tout le jour et la nuit, ils ont hurlé et grogné furieusement, prêts pour la bataille, tandis que la vieille sorcière, la première Mère, enfantait une nouvelle couvée.
Elle a engendré d'énormes serpents aux crochets empoisonnés, pleins à craquer du venin, des dragons grondants portant une melannu (NDA : Halo de lumière) *comme des dieux. Celui qui voit ces êtres est certain de mourir car quand ils s'élancent, ils ne reviennent jamais en arrière."*
     Extraits du Poème babylonien de l'*Enūma Eliš*.

"Et ils combattirent longtemps, accablés de rudes travaux, les dieux Titans et tous les dieux nés de Kronos (NDA : Zeus et sa fratrie). *Et ils se livraient des batailles terribles. Et, du sommet de l'Othrys, les Titans glorieux, et, du faîte de l'Olympos, les Dieux, source des biens, que Rhéia aux beaux cheveux avait conçus de Kronos, luttant les uns contre les autres avec de cruelles fatigues, combattaient sans relâche depuis plus de dix ans."*
     Hésiode, *Théogonie*, v. 630-640

(traduction de Leconte de Lisle).

"Jalouse de l'Empire céleste, et sensible aux fréquentes disgrâces de ses fils, les Titans, Gaïa remplit l'étendue du Tartare de ses monstrueux nourrissons, race odieuse qui devait être si criminelle. Fière de cette horrible vengeance, elle entrouvre les entrailles du Phlégra, et vomit contre le ciel de belliqueux ennemis. Un bruit terrible se fait entendre ; ils s'élancent de l'abîme, et préparent, encore demi-formés, leurs bras au combat : appuyés sur deux serpents, ils se traînent en sifflant et osent déjà défier les dieux."

Claudien, *Gigantomachie*, v. 1-9.

Les guerres. Les toutes premières. Bien avant que l'humanité ne foule la terre, les dieux se chargeaient déjà de nous montrer la voie : celle du conflit meurtrier. Les récits de la création de diverses cultures s'accompagnent parfois des premiers actes destructeurs. Commençons par les textes les plus anciens nous étant parvenus, ceux d'ancienne Mésopotamie. Pour information, nous n'évoquerons là que les conflits dont la mythologie humaine fait état. Les éléments portés à notre connaissance dans le tome 0 des *Chroniques du Ǧírkù* sont tellement hors de portée de quelque mémoire que ce soit qu'elle aurait même échappé à celle des Gina'abul... Il ne faut pas s'étonner qu'aucun récit mythologique ne relate donc les lointains conflits des Mušidim – prédécesseurs des Gina'abul – ou des anciens Gina'abul comme la Grande Guerre qui opposa, semble-t-il, les sous-races Ušumgal et Kingú Babbar (et leurs soutiens respectifs) – voir à ce propos les derniers chapitres du *Livre de Nuréa*.

1 - La revanche de Tiamata et la révolte des Igigi

Le poème babylonien de l'*Enūma Eliš* – encore lui ! – que nous avions arrêté sur la victoire d'Éa sur son ascendant Apsû se poursuit sur un ton tout aussi empreint de violence. La description de la naissance de Marduk, de Damkina et Éa est plus qu'une ode, une véritable glorification en l'honneur du nouveau favori d'Anu (image réduite de l'intégralité du poème). Il devint dès lors le plus divin des divins. Ce n'est pas au goût des autres dieux auxquels Marduk vole la vedette par ses orages rutilants et son arrogante omnipotence. Ceux-ci s'en vont se plaindre à la très ancienne Tiamat ; ils soufflent sur l'animosité encore vive dans son cœur, suite à la perte de son époux, donnant naissance à l'esprit de vengeance qu'ils espéraient voir surgir en elle. La veuve d'Apsû n'écoutant plus que sa souffrance prend ainsi en charge l'organisation militaire qui déferlera sur Marduk et ses partisans. À l'image de son équivalent dans les *Chroniques*,[135] Tiamat – qualifiée de "*vieille sorcière*", de "*première mère*" dans le poème – auto-engendre une armée de monstres tous plus effrayants les uns que les autres. Au nombre de onze, elle élève l'un d'entre eux, Kingu au rang de général pour les guider vers la victoire – et en fait par la même occasion son époux – :

> "*Moi j'ai prononcé l'exhortation en ta faveur, en t'exaltant devant l'assemblée des dieux. Tu es magnifique, tu es mon époux ! Que les Anunnaki exaltent ton nom au-dessus de tous !*"

Ce Kingu représente sans équivoque le groupe Kingú Babbar du système solaire s'étant ligué contre le clan Ušumgal-Anunna à l'arrivée de ces derniers dans cette zone de l'espace. Les autres progénitures auxquelles donna naissance Tiamat pourraient symboliser les différentes factions Gina'abul et Kadištu en prise avec les armées d'An(u) et d'Enlíl.

À la vue des préparatifs guerriers de la Grande Mère des dieux, Éa panique et va chercher conseil auprès de l'auguste Anšár. Perdant ses moyens, il motive l'assassin d'Apsû à prendre ses responsabilités en s'engageant dans la voie militaire. Éa ira pourtant quérir un traité de paix auprès de Tiamat mais à la vue de ses troupes terrifiantes et décidées à en découdre, il préféra rebrousser chemin et se tapisser couardement. Anšár en appelle alors à son fils An(u) pour aller "*apaiser les eaux*" de la veuve d'Apsû. An(u) s'en revint, comme Éa, terrifié, sans avoir pu dire

---

[135] Anton Parks, *Le Livre de Nuréa*, op. cit., page 252.

mot à l'enragée Tiamat. Tous autant qu'ils sont, les dieux Anunna, An(u), Éa et Anšár se sentent démunis face à l'immonde armée de leur aïeule. Le frère de Kišár invoque alors le fils d'Éa, le grand dieu de l'orage Marduk, lequel se réjouit de briser la veuve d'Apsû. Exulté par cette mission, Marduk ira même jusqu'à déclarer :

> "*Créateur des dieux qui décide des destins, si je dois être votre vengeur, défaisant Tiamat, sauvant vos vies, que l'Assemblée, me donne la priorité ; et quand vous vous réunirez pour voter les décrets, vous vous reposerez dans l'Ubšukinna ; maintenant et pour jamais laissez-moi faire la loi. Ce sera moi et non plus vous, qui décidera de la nature du monde, et des choses pour venir. Mes décrets ne seront jamais changés, ne seront jamais annulés, mais ma création supportera les extrémités du monde.*"

Rien que ça... une forme de coup d'État divin ! Le messager des dieux de l'Assemblée, Kaka, est envoyé informer Laḫmu et Laḫamu, premiers enfants de Tiamat et Apsû, de la décision de Marduk. Ces derniers prirent peur, considérant avec crainte et respect la décision de leur mère. Ils rejoignirent alors l'assemblée divine et avalisèrent – autour d'un banquet orgiaque – la décision du grand conseil au regard du pouvoir de Marduk. Une nouvelle glorification de ce dernier est opérée, lui conférant sans détour la souveraineté absolue sur tous les domaines du Monde. Les anciens dieux exhortèrent alors le fils d'Éa :

> "*Va et ôte la vie à Tiamat ; que les vents emportent son sang aux extrémités secrètes du monde !*"

Marduk prépara fièrement ses armes – un filet contenant les quatre vents offerts par An(u), un arc et une flèche, une massue – et son char-tempête Imḫullu pour partir à l'assaut de la Mère de tous. Arrivé devant son armée, il la provoqua en combat singulier après un face-à-face verbal où les reproches fusèrent comme des flèches enflammées. Aidé de ses vents fourbes, sans gloire, il défit Tiamat. Les onze monstres, dont Kingu, furent pris de panique par la soudaine victoire de Marduk ; encerclés par les vents de celui-ci et dans l'incapacité de fuir, ils rendirent rapidement les armes.

Après avoir enchaîné ses ennemis et les avoir précipités dans le Séjour inférieur, le champion revint sur la carcasse de la défaite Tiamat et écrasa impitoyablement le crâne de la Sainte déesse avec sa massue. En tant que nouvelle déité suprême et héros-sauveur incontesté, il organisa la société divine et l'Univers : il plaça Nanna (la Lune) et Šamaš (le Soleil) dans le Ciel ainsi que les autres astres et constellations ; devint le garant des lois universelles ; "*arrêta les destins*" de chacun de ses compères divins.

"*Arrêter les destins*" est une expression apparaissant régulièrement sur les tablettes d'argile, l'opération consistant pour un dieu suprême – variant au fil des époques et des cités-États (An, Enlíl, Enki, Marduk…) – à attribuer un domaine ou secteur de la Nature et/ou de la culture à une déité inférieure à lui. Les hommes eux-mêmes se verront "*arrêter leurs destins*", ceux-ci se résumant à délester les dieux de leur charge de travail allant jusqu'à mettre en place toute une organisation sacerdotale dont les buts premiers étaient de rendre le culte et nourrir les dieux ! Avant une ultime glorification, Marduk se verra confier une cinquantaine de noms – cinquante-deux pour être précis –, qui sont de l'ordre de titres, d'épithètes, marquant autant de *destins* fameux dont il aura la prérogative.

Le récit de l'*Enūma Eliš* reprend le scénario décrit par Parks en fin de tome 1 et en début de tome 2 des *Chroniques du Ǧírkù* : la Reine Tiamata entreprend de poursuivre les conspirateurs Ušumgal,[136] assassins d'Apsû – Enki n'étant que le jouet d'An au moment du passage à l'acte – et leur armée Anunna aux confins de l'univers. Les deux armées atterrissent dans le système solaire et les Anunna[137] échouent sur Terre. La guerre se poursuit dans

---

[136] Pour rappel, les Ušumgal sont les derniers survivants de leur espèce. Ils sont à l'origine une création des Kingú Babbar, qui les utilisaient comme travailleurs, voire comme esclaves. Après une révolte sanglante, ils déclenchèrent une guerre d'envergure appelée Grande Guerre au sein des Gina'abul. Au terme de celle-ci seuls survécurent Tiamat, également mère et génitrice de la sous-race des femelles Amašutum, Apsû, le leader de la révolution contre les Kingú, Laḫmu et Laḫamu, Anšar et Kisar et enfin An. Ils sont la caste dirigeante d'une bonne partie des Gina'abul.
[137] Les Anunna, créés par An et Ninmaḫ, ont pour prototype Enki. Ils sont des

l'espace durant une période indéterminée entre les forces d'An et d'Enlíl d'un côté, de l'autre celles de la veuve d'Apsû et des Kadištu (engeance planificatrice, créatrice de vies, au service de la Source, autre nom de la divinité suprême vénérée par différentes races de la galaxie). À la destruction du vaisseau de Tiamata, la ceinture protectrice de vaisseaux planificateurs entourant la Terre se retira laissant le champ libre au clan Ušumgal-Anunna.

Le Marduk, Enlíl à ce moment de l'histoire, détenteur du pouvoir législatif du Mardukù, texte des cinquante lois régissant le fonctionnement des interactions entre les Anunna et les autres sous-races Gina'abul, prend le pouvoir de la Terre. Avec la bénédiction de An qui demeure l'autorité absolue, accroché aux cieux, dans son vaisseau personnel. Enki, troisième dans l'échelle de commandement, prototype des Anunna et "père" des Nungal-Igigi[138] (évoqués ci-après) deviendra le maître d'œuvre de son détestable fils Enlíl.

Bien qu'opposé aux plans de ses aïeux et de son rejeton, Enki, en tant que super-technicien et garant du lien ténu entre pouvoir patriarcal Ušumgal-Anunna et matriarcal Nungal-Amašutum, tiendra un rôle important dans l'implantation des Gina'abul sur Uraš (Terre). Il s'agit finalement d'une recolonisation puisque le tome 0 des *Chroniques* nous a permis de comprendre pourquoi la Terre est aussi précieuse aux yeux des anciens dieux : les premiers Gina'abul (Abgal et Kingú) ont été "générés" par Barbélú (figure proprement gaïenne) sur Uraš, appelée alors Dubkù par ses habitants originels, les Mušidim (race à laquelle Barbélú appartenait). Les Gina'abul ont été dans l'obligation de fuir leur foyer, chassés par les Kingú Babbar. Cette race de Kingú blancs

---

clones à la ressemblance de ce dernier. Ils sont un groupe guerrier de Gina'abul mâles produits dans l'optique de répondre à une menace extérieure pesant sur le Peuple du Serpent. Tiamata s'aperçut bien trop tard que cette pseudo *menace*, bâtie de toutes pièces, était le premier élément d'une conspiration élaborée par An dans le but de prendre le pouvoir suprême sur le couple souverain.

[138] L'acceptation de la création en série des Anunna par le conseil Ušumgal a été conditionnée par la génération parallèle d'une engeance mâle planificatrice devant travailler auprès des Kadištu et des Amašutum. Il s'agira des Nungal dont Enlíl sera l'un des premiers prototypes. Enki et Nammu-Nuréa seront en charge de ce projet. C'est pourquoi Enlíl est considéré comme le "fils" d'Enki.

était l'œuvre du cinquième et dernier rejeton – pour le moins instable – de Barbélú, Ía'aldabaut – le grand démiurge des traditions gnostiques. Les Babbar seront destinés à constituer la royauté des futurs Gina'abul. Ces luttes intestines à la race Mušidim-Gina'abul sont aussi anciennes que la race elle-même... mais revenons à la mythologie de l'ancienne Mésopotamie.

***

Une fois Tiamat abattue, l'Univers organisé, les destins des dieux arrêtés, un nouvel événement vint secouer la société divine. La procréation de Tiamat et Apsû s'est étendue et se distingue à présent – comme ce sera le cas en Grèce antique mais plus rarement en Égypte – en plusieurs groupes divins, les trois principaux étant : les DIĞIR.GALGAL ("les très grands dieux" en sumérien comprenant généralement An(u), Enlíl-ʿĪlu, Enki-Éa et Utu-Šamaš), les ANUNNA.KI ("les princes ou la semence du père (An)", dont le nombre et la composition varient en passant, selon les sources, de sept à cinquante individus voire trois cents dans certains textes) et les NUN.GAL.MEŠ ("les grands princes", divinités inférieures, présentant les mêmes incertitudes que les Anunna quant à leur quantité exacte), appelés les Igigi/Igigu sous leur forme akkadisée. Les sphères de souveraineté des Anunna et des Igigi varièrent au fil du temps. D'abord déités chtoniennes, les Igigi deviennent des dieux ouraniens tandis que les Anunna suivent le chemin inverse passant du haut des Cieux aux profondeurs de la Terre – ils sont même juges des Enfers dans l'*Épopée de Gilgameš*.[139]

L'explication, inconnue des exégètes, peut sans doute se trouver dans les travaux de Parks. À leur arrivée sur Uraš, les Nungal-Igigi sont contraints aux travaux de la terre, comme nous allons le voir, alors que les Anunna se battent dans le ciel contre l'armée de Tiamata et bénéficient de traitements privilégiés dus à leur fonction militaire. Plus tard et après bien des millénaires, les Nungal-Igigi – leurs divers clans et descendances – motivés par les

---

[139] A. Cavigneaux et F.N.H. Al-Rawi, *Gilgamesh et la mort*, Textes de Tell Haddad VI, *Cuneiform Monographs, 19*, Groningen, 2000, page 58, v. 121-125.

velléités de vengeance du fils légitime d'Enki, Nergal-Horus, s'uniront pour renverser le pouvoir des Anunna. Ces derniers trouveront refuge dans des tunnels et cavernes comme ceux des cités souterraines de Derinkuyu ou encore de Nevşehir découverte très récemment que l'on trouve dans la région de la Cappadoce en Anatolie centrale. Ce genre d'abris leur servant tout autant à se cacher de leurs ennemis qu'à se protéger des passages cataclysmiques de la planète Vénus, événement dont nous reparlerons abondamment. Reprenons le récit mythologique.

Seule forme de vie intelligente, les dieux doivent pourvoir à leurs besoins vitaux : se nourrir et se loger. Les grands dieux ne tolérant pas le fardeau de la construction des habitations et le creusement des canaux d'irrigation confient ces tâches aux Igigi :

> "*Lorsque les dieux faisaient l'homme, ils assumaient le travail et supportaient le labeur –, grand était le labeur des dieux, lourd leur travail, et longue leur détresse. Les grands Anunnaki voulaient faire aux Igigi supporter le travail.*"[140]

Les dieux "*faisaient l'homme*"... comprenez par là qu'ils accomplissaient les corvées qui seraient exclusivement dédiées plus tard au genre humain.

L'Épopée d'Atrahasîs n'est pas la seule source faisant état des dieux inférieurs étant mis au travail au profit des Anunna. Dans le poème *Enki et Ninmah* (lignes 10-13) ainsi que dans le mythe *Lugal-E* appelé aussi *Ninurta et les pierres* (lignes 336-340), il est également question de la contrainte d'un dur labeur servile imposé aux Igigi, les dieux devant assurer leur propre protection physique et alimentaire. Le motif de la révolte des Igigi n'est pas partagé par tous les textes. Même si à l'évidence celui-ci devrait concerner leurs tâches harassantes, d'autres raisons sont parfois mises en avant : vol de troupeau, injures, famine... Nous nous en tiendrons à la cause la plus logique.

---

[140] Extrait du mythe mésopotamien *Le Poème du Supersage* ou *Épopée d'Atrahasîs*, lignes 1-6.

Dans le *Poème du Supersage*, Éa-Enki encourage ses Igigi à la révolte contre l'exploitation du pouvoir en place qui dure depuis maintenant quarante années divines. Les dieux inférieurs se motivent et s'arment. Sans perdre de temps, ils montent vers les cimes pour déloger Enlíl et An de leurs somptueuses demeures. Ne prenant pas la mesure du danger, Enlíl dépêche un émissaire auprès des Igigi dans le but de négocier un accord. Les négociations échouent platement. Le dialogue s'envenime. Enlíl, furieux, menace alors d'éliminer les dieux exploités qui sont à deux doigts de pénétrer les enceintes des dieux suprêmes. An reconnaît, sans autre choix, le calvaire subi par les Igigi et prédit qu'une solution sera trouvée. Éa-Enki s'empare du sujet et propose de créer un être mortel à partir de la chair et du sang d'un dieu et d'argile : la création de l'homme peut s'accomplir. Mais cela sera l'objet du chapitre I du tome 3 où il sera question, dans les textes mythologiques mêmes, de prototypes d'hommes et autres matrices...

Est-il besoin de rapprocher ces mythes mésopotamiens des récits rapportés par Anton Parks ? Les deux corpus pourraient se superposer tellement ils sont proches. Les Nungal, dans le tome 2 des *Chroniques*, fournissent la nourriture aux guerriers Anunna et creusent deux fleuves légendaires au sein de la colonie, le Tigre et l'Euphrate, afin d'irriguer les champs environnants. Enki ne supporte pas cet esclavage et parvient à convaincre An de créer un être hybride, entre le Gina'abul et les grands hominidés présents sur Uraš : le projet Homo était né. Il aboutira sur notre lignée. Nous développerons plus avant ces idées dans les *Témoins de l'Éternité*.

2 - Le géant Ullikumi et le serpent Illuyankaš

La tradition hourrite, qui a servi de base à la mythologie hittite, nous a légué divers chants, dont celui déjà cité de *chant d'Ullikumi*. Ce récit semble décrire la suite des aventures divines de Kumarbi et Tešub. En quête de vengeance suite à sa défaite contre Tešub, Kumarbi répand sa semence sur une montagne d'où résultera un monstre de pierre volcanique : Ullikumi. Kumarbi place sa progéniture de roche sur l'épaule du dieu des rêves Upelluri qui siège dans le Séjour souterrain. Upelluri tolère aisément la présence du monstre, portant déjà – tel le grec Atlas – le poids du Ciel et de la Terre sur ses épaules !

Le monstre rocheux grandit, grandit si bien qu'il attire l'attention du dieu du Soleil qui, inquiet, informe Tešub de son existence. Ce dernier en compagnie d'autres déités s'en va alors enquêter sur le géant de pierre. Celui-ci d'une taille certaine apparaît comme une mise en garde à ne pas ignorer et Ištar est envoyée par prévention afin de séduire le monstre. Mais, aveugle et sourd, il ne peut succomber aux charmes de la déesse de l'amour et de la fécondité. Tešub engage alors le combat contre son frère ; il fait tomber sur lui les pluies les plus diluviennes et les éclairs les plus intenses mais rien n'affaiblit Ullikumi. Tešub est contraint d'abandonner la lutte. Kumarbi n'ayant plus d'emprise sur son géant de fils, devenu si grand qu'il en est invincible, convoque alors les dieux en assemblée extraordinaire. Éa, le dieu sage, mandé de l'Apsû ténébreux, a l'idée d'utiliser la serpe qui jadis sépara les Cieux de la Terre. Il s'applique ainsi à utiliser l'arme pour couper les pieds du géant ancrés sur l'épaule d'Upelluri. Une fois à terre, ayant perdu de sa puissance, Tešub rengage le combat. La suite du récit est certainement perdue à jamais, la tablette du mythe étant brisée mais l'on suppose que le monstre de pierre est vaincu par le dieu de l'atmosphère.

***

Une même tablette aux multiples exemplaires nous conte un autre mythe ressemblant à celui de la dernière partie de l'*Enūma Eliš*, de l'affrontement entre Marduk et Tiamat. Tešub, incontournable dieu tutélaire des peuples indo-européens d'Anatolie, engage un combat contre un serpent – Illuyankaš qui signifie "serpent" en langage hittite – géant et marin (reflet de Tiamat). Une fois n'est pas coutume, Tešub perd son duel et Illuyankaš lui dérobe son cœur et ses yeux. Toujours en vie, le dieu des Cieux engendrera un fils. De son côté, le serpent géant mettra au monde une fille. Les deux enfants des ennemis divins, parvenus à l'âge adulte, tomberont amoureux et s'épouseront. Le fils de Tešub réclamera alors les organes de son géniteur. Son épouse s'exécutera sans sourciller. Une fois rentré en possession de son cœur et de ses yeux, Tešub se pressa de reprendre le combat là où il l'avait laissé et défit Illuyankaš au sein de son environnement naturel, l'océan. Le fils de Tešub prit le parti de sa belle-famille et provoqua son père, pensant sa défaite assurée. Éternel vainqueur, c'est bien le dieu de l'atmosphère qui finit par défaire ses ennemis, tuant son propre fils dans l'opération.

Les deux textes que l'on vient de décrire contiennent tous deux des éléments à rapprocher du mythe source dont ils s'inspirent (*Enūma Eliš*). Nous verrons qu'Hésiode n'a pas manqué non plus de reprendre cette antique histoire à son compte en s'inspirant, l'on suppose, de la version hittite du récit de Marduk s'opposant Tiamat.

3 - Titanomachie, Gigantomachie et la menace de Typhée

L'ordre est ainsi établi et n'est pas remis en cause, pour les anciens mythographes, la Titanomachie précédait la Gigantomachie qui, elle-même, était suivie de la lutte entre Zeus et Typhée. Les textes sont édulcorés et épiques, ne manquant pas de glorifier le règne des Olympiens. L'analyse froide semble pourtant nous orienter vers deux sources de l'ancienne Mésopotamie à ces trois histoires différentes... l'*Enūma Eliš* et le *Poème du Supersage*. Nous pouvons clairement voir se dessiner dans la *Titanomachie* et le mythe de Typhée les lignes dépeintes dans la glorification babylonienne à leur dieu poliade : soit la chute de l'ancien régime divin remplacé par un nouveau dirigé par Marduk et sa prise de pouvoir marquée par le meurtre d'un serpent marin géant. Quant à la révolte des Géants, elle a le parfum de la rébellion des Igigi... mais nous détaillerons tout cela dans un tableau récapitulatif (oui, encore un !).

La Titanomachie,[141] pour commencer, et de même que les deux autres conflits divins majeurs à la base de la religion hellénique, font la part belle à Zeus – pendant grec de Tešub et de Marduk. Le

---

[141] Hésiode, *Théogonie*, v. 617-735.

conflit prend place peu de temps après les premières créations divines. Comme nous l'avons précisé dans le chapitre précédent, Kronos a pris le pouvoir sur le domaine divin après avoir sectionné le membre viril de son père, Ouranos. Les Titans régnaient sans partage ; Kronos s'étant assuré d'enfermer les autres enfants de Gaïa – Hécatonchires et Cyclopes – au sein du Tartare. Frappé, par Ouranos, de la même malédiction que celle dont ce dernier fut lui-même victime, Kronos sait que l'un de ses fils le détrônera. Il dévorait ainsi chaque nouveau-né sortant du ventre de sa sœur-épouse Rhéa. Tour à tour, les futurs Olympiens sont avalés par le despote : Hestia, Déméter, Héra, Hadès et Poséidon. Zeus échappe à cette folie gloutonne lorsque Rhéa le remplace par une pierre. Le futur souverain est confié aux Curètes-Corybantes de l'île de Crète et nourri par la prêtresse-chèvre Amalthée. Devenu adulte, Zeus peut enfin devenir l'acteur principal de la malédiction devant se jouer de Kronos.

Le célèbre tableau La Chute des Titans *(Cornelis Corneliszoon van Haarlem, 1588). Nous pouvons voir dans cette chute interminable vers le Tartare l'allégorie de la cuisante défaite de l'armée de Tiamata au sein du système solaire.*

Son premier acte sera de libérer sa fratrie de l'Estomac de son géniteur. Rentrant au service du dieu suprême en tant qu'échanson, Zeus servit un jour à son père une boisson accompagnée de vomitif. Aussitôt, Kronos recracha les cinq frères et sœurs du fils prodigue qui sans attendre déclarent la guerre à leur terrible geôlier. Pris de panique Kronos quémande l'assistance des Titans ; de son côté Zeus délivre ses oncles Hécatonchires et Cyclopes de leur torpeur infernale pour s'en faire des alliés de poids. Les camps s'organisent, certains Titans – Okéanos, Thémis et Prométhée – prenant la sage décision, motivée par des oracles en défaveur de Kronos, de se ranger aux flancs des enfants de Rhéa au sein du mont Olympe. Les Titans, eux, s'organisent sur le mont Othrys. Les Cyclopes forgeront, selon certains récits, les armes de Zeus (Foudre), de Poséidon (Trident) et d'Hadès (Kunée). Pour d'autres mythographes elles seront l'œuvre des Dactyles, Cabires ou Telchines dont nous reparlerons longuement. Après des siècles de combats épuisants (seulement dix années divines, au final) les Olympiens l'emportent. Les Titans ennemis seront violemment précipités dans le Tartare, excepté Atlas qui sera condamné à porter le Ciel et/ou la Terre, selon les sources. Les Titans alliés seront bien entendu récompensés. Zeus peut ainsi asseoir son empire et commencer à assurer sa (nombreuse !) descendance. Mais cela est sans compter la grogne des Géants…

***

La révolte des Géants ou Gigantomachie[142] est issu d'un récit gréco-romain, et donc beaucoup plus récent que les poèmes d'Hésiode. Ce dernier fait état de la naissance des Géants par Gaïa mais n'évoque que la Titanomachie dans sa *Théogonie*. Ce caractère tardif n'enlève rien à la qualité ou la valeur du texte dont la nature quasi étiologique saute aux yeux.

---

[142] Claudien, *Gigantomachie*.

Amphore à figures rouges (Musée du Louvre, 410-400 av. J.-C.) présentant les Olympiens en lutte avec les Géants nés de la Terre. Ici nous voyons à l'œuvre Hécate et ses torches à gauche, Héraklès à droite décochant une flèche et enfin Athéna en plein milieu, prête à embrocher un Géant de sa lance.

Motivés par leur mère Gaïa, les Géants sortent de la Terre, deux serpents en guise de jambes. Ils s'arment de morceaux de terre si gigantesques qu'il en retombe des montagnes et que s'en ouvrent des rivières ! Ils décident de monter vers l'Olympe afin de détrôner le maître des Cieux et les autres Olympiens. Informés par Iris, la messagère des dieux, de la colère des derniers enfants de Gaïa, les frères, sœurs et enfants de Zeus se regroupent en la montagne divine. Là ils se préparent au conflit. Il ne tarde pas à arriver. Les uns après les autres, les Géants tombent sous les coups et attaques des Olympiens. Ils sont achevés par le demi-dieu Héraklès – qui n'est, au passage, pas encore censé être mis au monde ! –, seul capable de tuer un Géant ; Gaïa les ayant rendus immortels aux dieux. Contrairement à la révolte des Igigi étouffée par le transfert de leur fardeau sur les épaules des hommes, celle des Géants est matée avec une violence inouïe.

***

Il n'y a pas d'ordre chronologique dans la succession de ces événements même si la logique voudrait que l'attaque des Géants prenne place après le récit qui va suivre. En effet, Typhée est cité par Claudien dans la *Gigantomachie* bien que l'auteur présente son texte comme une revanche de Gaïa au traitement réservé par Zeus aux Titans. Rien de plus légitime, Claudien a écrit plusieurs siècles après Hésiode. Logiquement c'est donc l'épisode de Typhée, présent dans la *Théogonie* hésiodique, qui devrait suivre la *Titanomachie*.

Après avoir châtié ses oncles et pris le pouvoir, Zeus eut à en découdre avec son ultime adversaire, le dernier né de Gaïa : Typhée (ou Typhon).[143] L'apparence du rejeton est évidemment repoussante :

> "*Et de ses épaules sortaient cinquante têtes d'un horrible Dragon, dardant des langues noires. Et des yeux de ces têtes monstrueuses, à travers les sourcils, flambait du feu, et de toutes ces têtes qui regardaient, jaillissait ce feu. Et des voix sortaient de toutes ces têtes affreuses, rendant des sons de toutes sortes, ineffables, semblables aux voix mêmes des dieux, ou à la voix énorme d'un taureau mugissant et féroce, ou à celle d'un lion à l'âme farouche, ou, chose prodigieuse, à l'aboiement des petits chiens, ou au bruit strident des hautes montagnes.*"

Une description se rapprochant logiquement de celle de Tiamat dont Typhée est un reflet lointain. La seule présence du serpent géant suffit à faire trembler le monde sur ses fondations. L'Olympe chancelle et les dieux paniquent. Zeus, sans sourciller, s'équipe de la foudre et fond sur le rejeton de Gaïa et du Tartare. Le combat est bref, furieux, enragé. Le roi des Cieux brûle toutes les têtes de Typhée ; le terrasse dans la foulée.

L'ordre divin et immuable de Zeus peut être instauré. Pour marquer de son empreinte immortelle l'Univers des dieux, le dernier né de Rhéa prendra successivement pour épouses plusieurs

---

[143] Hésiode, *Théogonie*, v. 820-870.

de ses tantes, sœurs, nièces et mortelles afin d'assurer une abondante descendance. Aucun autre adversaire ou groupe divin ne se mettra en travers de la souveraineté du dieu de l'atmosphère.

4 - Les autres guerres divines : Égypte, Inde des Védas et Europe occidentale

Il n'est pas question ici de développer en détail les mythologies des Védas de l'Inde antique et des peuples germaniques et celtiques de l'Europe de l'Ouest et du Nord. Nous allons juste évoquer les conflits qui ont émaillé les mythes de ces sociétés indo-européennes qui partageaient un socle commun de traditions, sans aucun doute ancestrales.

Comme pour les Grecs et les anciens Mésopotamiens, il existait dans les textes védiques deux groupes distincts s'opposant aux temps mythiques des dieux : les Dévas (répondant aux Igigi/Géants) et les Asuras (répondant aux Anunna/Olympiens). Les seconds étant de nature malveillante et essayant de prendre le pouvoir aux premiers. Dans l'hindouisme, les Asuras sont assimilés aux démons/vampires Rākṣasa qui se nourrissent, notamment, de chair humaine. Dans le *Rāmāyaṇa* (épopée hindoue), ils sont vus comme les enfants du grand démiurge Brahmā (équivalent hindouiste de Zeus ou d'Anu) dont ils sont nés par le pied.[144] D'autres sources évoquent Nirṛti – concept de force de destruction – comme leur génitrice. Les Dévas étaient regardés en Inde comme les seuls dieux "*véritables*". Inutile de préciser que ces deux engeances se mettaient joyeusement sur la figure à longueur d'épopées. Notons enfin que l'équivalent de Zeus-Marduk, Indra à l'image de ses équivalents divins terrassa le dragon des eaux Vṛtrá, reflet védique de Typhée-Tiamat. Nous étudierons plus en détail ces épisodes de dragons-serpents vaincus par un héros masculin dans le tome 2 de *Quand les dieux foulaient la Terre*. Les guerres sont bien entendu au cœur des épopées indiennes (dans quelle(s) épopée(s) n'est-ce pas le cas ?) et nous

---

[144] Nous verrons dans le tome 3, *Les Témoins de l'Éternité*, que le pied était pour certains peuples un substitut phallique traditionnel.

retiendrons que tant dans le *Rāmāyaṇa* que dans le *Mahābhārata*, il est question de guerres célestes. Dans ce dernier recueil, au plus fort du conflit opposant Arjuna et Krishna nous pouvons découvrir des termes comme "*nuages de feu*", "*énergie de l'Univers*" ou encore "*armes célestes*".[145] Il serait pertinent de considérer ces descriptions comme des témoignages contemporains des conflits opposant les Anunna/Asuras aux Nungal/Dévas.

Entre parenthèses, il faut dire un mot rapide sur des textes non sourcés (ou aux intervenants imaginaires) qui tournent en boucle sur le Web et qui affirment que l'on a découvert des preuves de guerres atomiques durant la préhistoire. Les sites radioactifs mis à jour étant situés dans le désert de Gobi, en Égypte, en ancienne Mésopotamie, en Afrique ou encore dans la vallée de l'Indus. Cela ne doit pas étonner le lecteur qu'Anton Parks n'ait jamais rien mentionné de tel puisqu'aucune preuve n'existe pour appuyer ces allégations bancales. Il existe bien d'antiques réacteurs nucléaires mais ils sont naturels, comme celui d'Oklo au Gabon.[146] Quant aux zones désertiques dont certains secteurs semblent avoir été vitrifiés suite à une chaleur extrême : cela est le simple fait de la foudre voire de chutes de météorites ![147] Nous ne pouvons exclure l'emploi d'armes de type nucléaire dans un lointain passé mais plusieurs obstacles s'opposent à la découverte de preuves allant dans ce sens à commencer par les traces d'une civilisation suffisamment avancée pour utiliser l'atome. Sans compter que nous serions bien embêtés pour détecter un taux de radioactivité nettement supérieur à la moyenne sur des sites supposément touchés par un impact nucléaire – il y a plusieurs milliers d'années – : sa détection est déjà problématique au bout de quelques décennies à Hiroshima et Nagasaki au Japon ! Bref.

Dans la mythologie nordique/germanique (condensée dans l'*Edda de Snorri*), la première guerre du monde divin est celle opposant les Ases aux Vanes.[148] Groupes divins aux natures

---

[145] *Mahābhārata*, CXXVIII et suiv.
[146] http://www.notre-planete.info/actualites/4257-reacteur-nucleaire-naturel-Oklo
[147] https://fr.wikipedia.org/wiki/Impactite / http://planet-terre.ens-lyon.fr/article/verre-libyque-impactite.xml
[148] Notez la proximité phonétique entre les noms des groupes divins analogues :

fondamentalement divergentes. Les Ases, comme les Olympiens, président à l'ordre moral et social (cf. Zeus et Apollon), mais aussi aux techniques et aux arts (cf. Athéna et Héphaïstos). Ils imposent leur souveraineté naturelle par la force, au besoin (cf. Zeus et Arès). Ils sont clairement des dieux ouraniens, célestes.

Les Vanes, quant à eux, sont de nature moins matérialiste et plus chtonienne dirons-nous : ils sont associés aux forces telluriques – fécondes et fertiles par définition –, à la nature sauvage, et par conséquent aux domaines "ritualistes" qui les lient à la sagesse, à la magie, à l'impalpable. Leur conflit prit fin par un échange d'otages entre les deux camps. Certains Ases intégrèrent alors les Vanes, et vice versa. Ce flou artistique est le même quel que soit le corpus mythologique. Dans les Védas, certains dieux sont Déva et Asura en fonction des circonstances. Dans les *Chroniques* d'Anton Parks, le personnage d'Enki est à la fois le modèle-prototype des Anunna (et respecté comme tel par ces derniers) et le père des Nungal-Igigi (du côté desquels il se range). Après la trêve d'avec les Vanes, les Ases resteront en état d'alerte permanent face à la menace d'un autre groupe divin, les Géants des glaces (ou *Jötnar* en vieux norrois), forces divines primordiales comparables aux Titans grecs. L'équivalent de Tiamat dans la mythologie nordique, le Géant Ymir[149] – à l'origine de tous les Géants des glaces – fut tué par Odin et précipité dans le Ginnungagap,[150] l'équivalent du Tartare[151] des Grecs et de l'Apsû

Ases et Asuras ; Dévas et Vanes. Une source proto-indo-européenne a dû donner ces appellations voisines aux Germains tant qu'aux peuples védiques.

[149] Décodé phonétiquement puis décrypté avec les valeurs du syllabaire des dieux nous découvrons que Ymir signifie : UM(mère, vieille femme)-ÍR(pleurs, eaux), IR₉(furieux) soit "la Mère des pleurs" ou "la vieille femme des eaux". L'épithète de *"vieille sorcière"* attribuée au monstre marin Tiamat n'est pas loin de ces définitions.

[150] GÍN(trou, profondeurs), GÌN(briller)-NUN(prince)-GÁ(maison)-AP(ouverture) nous donne la confirmation que nous parlons bien de l'Abzu d'Enki-Éa : "la brillante ouverture, maison du Prince" ou "l'ouverture profonde vers la maison du Prince". Rappelons que *"le Prince"* est une épithète courante d'Enki-Éa dans la littérature mésopotamienne.

[151] Le nom du Tartare ou béance à l'extrême profondeur – image de l'Abzu d'Enki-Éa – où atterrissent les criminels dans la mythologie grecque peut également se décomposer via l'Emeša en : TAR(impasse), TÁR(fente, béance)-TÀR(épithète du dieu Éa, dieu-bouquetin), soit "la fente (ou l'impasse) d'Éa".

des anciens Mésopotamiens. Comme avec Tiamat, les parties du corps de Ymir furent utilisées pour créer le Ciel, la Terre et sa flore.

Évoquons brièvement le Ragnarök. Il s'agit d'une destruction globale prophétique par l'entremise d'une guerre généralisée impliquant les Ases, les Vanes, les Géants et les hommes. Il n'y a pas de clans définis dans cette tuerie, chacun s'en prenant sans distinction à son voisin. Seuls survivront une poignée de dieux et un couple d'êtres humains. Le parfum quasi apocalyptique du récit trahit l'empreinte flagrante de l'Église catholique qui a évangélisé quelque temps plus tôt tout le nord de l'Europe. Ces mythes du Ragnarök sont donc à prendre avec d'énormes pincettes.

***

Les cycles mythologiques irlandais nous présentent une bataille épique en deux actes qui semble mettre en avant les mêmes camps de dieux ennemis. Cette bataille est celle de Mag Tuired (traduisible en "bataille de la plaine des piliers") et les camps opposés sont les Tuatha Dé Danaan et les Fir Bolg/Fomoires. La première bataille met face à face les Fir Bolg, "les hommes-foudre",[152] souverains de l'Irlande et les Tuatha Dé Danann, "le peuple de la déesse Dana", venus envahir l'île. Ces derniers tuent Eochaid Mac Eirc, le roi des Fir Bolg et cent mille de ses sujets et prennent le pouvoir sur l'Irlande. La seconde bataille oppose les Tuatha Dé Danaan et une nouvelle vague d'envahisseurs, les Fomoires. Ces derniers ont une très nette nature guerrière ayant été en rivalité avec tous les peuples autochtones d'Irlande. Encore une fois, comme chez les Vanes et les Ases, pour ne citer qu'eux, certains dieux membres des Tuatha et des Fomoires ont une double appartenance à chacun des deux camps. Ceux-ci semblent d'ailleurs partager un ancêtre divin commun en la personne de Neit, dieu guerrier qui nous évoque la Neith égyptienne qui partage étrangement les mêmes fonctions. Nous évoquerons tout au long de notre étude, les liens entre les dieux celto-nordiques avec les divinités grecques étudiées lorsque nous jugerons le

---

[152] On se souvient que les Gina'abul possédaient des Ğidruğíri, litt. "bâtons de foudre", des armes pouvant projeter des impulsions électriques : sont-ce là des souvenirs de l'usage de ces outils par certains dieux, ici les Fir Bolg ?

rapprochement pertinent. Les Fomoires seront défaits par les Tuatha Dé Danann lors de la seconde bataille de Mag Tuired, ces derniers ayant notamment usé de forces magiques pour l'emporter sur leurs adversaires. L'autre atout de taille des partisans de la déesse Dana sera un certain Lugh, dieu polytechnicien, aisément comparable à Apollon et à Horus comme nous le verrons…

Ouvrons une parenthèse sur les murs vitrifiés d'Europe occidentale. Présents dans plusieurs pays dont la France, l'Allemagne ou encore le Portugal, c'est surtout en Angleterre, en Écosse et en Irlande que nous rencontrons le plus souvent ces fortifications à la nature très particulière. La caractéristique qui définit ces vestiges archéologiques est la façon dont la pierre dont ils sont constitués a été chauffée à très haute température (entre 1100° et 1300°) de sorte qu'elle se vitrifie.[153] De nombreux chercheurs ont creusé la question depuis le XVIIIe siècle et plusieurs hypothèses ont vu le jour. Il apparaît aujourd'hui certain que :

> cette pratique était le fait des Celtes (dont les traditions orales ont rapporté les batailles de Mag Tuired), puisque nous n'avons retrouvé des murs ou des forts vitrifiés que sur les territoires dominés par les Celtes,
> cette pratique était volontaire et n'était pas le fait d'ennemi assiégeant une enceinte ou un fort,
> en aucun cas, les murs vitrifiés retrouvés ne pourraient être le fait de la foudre qui ne monte pas à une température suffisamment élevée pour donner ce résultat,
> cette vitrification volontaire ne servait pas à renforcer les constructions,
> la vitrification des murs de pierre devait passer par une combustion lente sur plusieurs heures (mais à très haute température : entre 1100° et 1300°).

Le plus troublant est que certains murs vitrifiés retrouvés en France sont antérieurs à la présence des Celtes sur le territoire.[154]

---

[153] http://brigantesnation.com/lenigme-des-forts-vitrifies
[154] Gérard Morteveille, *Le mur vitrifié de Sainte-Suzanne*, in : *Histoire et patrimoine* ; Maine Découvertes, n° 47, décembre 2005.

Quant au procédé chimique employé pour vitrifier les murs de pierre avec les techniques de l'époque : il demeure un mystère. Nous n'avons jamais pu le reproduire. Mais peut-être que, à l'instar du système de moulage de pierres utilisé pour bâtir les pyramides d'Égypte – dont celle de Khéops[155] – découvert par le chimiste français Joseph Davidovits, nous découvrirons très bientôt l'évidente méthode qui permit à nos ancêtres européens de vitrifier la pierre. Nous n'en serons par contre pas plus avancés sur les raisons qui les motivaient.

En quoi cela nous importe-t-il vous demandez-vous ? Tout simplement car les légendes irlandaises rapportent que ces fortifications de pierre furent vitrifiées sous les attaques des Fomoires et plus précisément par l'entremise d'un rayon magique utilisé par Balor, grand-père de Lugh et chef de Fomoires, les redoutés ennemis des Tuatha Dé Danaan. Ce rayon lumineux destructeur, qui réduisait en cendres tout ce qu'il touchait, Balor pouvait l'activer depuis des rives distantes de l'Irlande qu'il cherchait alors à conquérir ! Autant dire que l'on parle là d'une arme redoutable à la limite d'une technologie futuriste. Parlons-nous là d'une arme des Anunna utilisée contre les forces d'Horus-Lugh ?

Enfin, puisqu'ils sont en reste sur cet aspect de leur *vie*, nous allons nous pencher sur les dieux égyptiens. Il n'y a pas grand-chose à dire, finalement. Les mythes du pays des Deux Terres n'évoquent que peu de conflits entre les déités. Ceux-ci se produisant plutôt entre les dieux et les hommes. Le seul conflit majeur divisant les dieux d'Égypte est celui opposant Horus à son oncle Seth.[156] Ce sujet est très largement développé dans *La Dernière Marche des Dieux*, ouvrage dans lequel sont traduits certains passages des hiéroglyphes du temple d'Edfu. Le fils du défunt Osiris y pourchasse inlassablement les derniers partisans de Seth et les massacre sans pitié. À la manière d'Odin qui défit Ymir, de Marduk qui tua Tiamat, d'Indra qui abattit Vṛtrá, Seth, dieu égyptien des tempêtes mettait en déroute le serpent géant

---

[155] http://www.pharaon-magazine.fr/actualites/actualit/les-pyramides-sont-construites-avec-de-fausses-pierres
[156] Ce conflit sera notamment assimilé plus bas à celui opposant Héraklès à Arès.

Apophis :

"*Seth dont la force est grande, le fils de Nut déclara : "En ce qui me concerne, je suis Seth, dont la force est grande parmi l'Ennéade. Je tue l'ennemi de Rê* (NDA : Apophis) *chaque jour quand je me tiens à la proue de la Barque des Millions, alors qu'aucun autre dieu ne peut le faire ; je vais donc recevoir la fonction d'Osiris"*."[157]

Le papyrus dit de *Chester Beatty I* dont est issue la précédente citation traite globalement du procès de Seth face à Horus quant à l'héritage d'Osiris lâchement assassiné par Seth. Un procès présidé par Rê, conduit par Thot, qui s'étira sur quatre-vingts années ! La sentence fut favorable au fils d'Osiris qui reçut la couronne de son père. Dans d'autres récits, notamment ceux du temple d'Edfu, il est décrit peu ou prou ce que Parks détaille dans le tome 2 et le tome 3 des *Chroniques du Ǧírkù* à savoir :

➢ l'assassinat d'Osiris par son frère Seth abattu puis noyé dans le Nil,[158]
➢ la fuite d'Isis pour accoucher et élever Horus dans les marais de Chemmis au sein du delta du Nil,[159]
➢ Nephtys devenant la nourrice du jeune dieu-faucon,[160]
➢ les combats entre les troupes de Seth et les partisans d'Horus[161] appelés Shemsu (décrits de façon allégorique dans les mythes par la transformation des deux héritiers en animaux – hippopotame, crocodile – s'assaillant sans merci),
➢ la défaite finale de Seth[162] et la blessure d'Horus à l'œil,[163]
➢ Isis demandant à son fils d'épargner le meurtrier de son défunt frère et époux.[164]

---

[157] Extrait du *Papyrus Chester Beatty I*, XIIe siècle av. J.-C.
[158] *Textes des Pyramides*, 1256a-c.
[159] *Textes des Pyramides*, 1214b-c.
[160] *Textes des Pyramides*, 734b, 1247c, 1375a, 371c, 707a, 1354a, 1214b-1215b.
[161] *Textes des Pyramides*, 1285c-1286c.
[162] *Hymne d'Imenmnès*, Stèle du Louvre C286.
[163] *Textes des Pyramides*, 1463, 1242, 610, 643.
[164] Plutarque, *Isis et Osiris*, 19 – trad. M. Meunier, Paris, 1924.

Comme nous l'avons vu plus haut, Seth-Enlíl chercha certainement à se venger lors des batailles mythiques de Mag Tuired présentées dans les légendes irlandaises. Horus aurait mieux fait d'écouter son désir de revanche plutôt que sa génitrice. Il est à présent temps de synthétiser tout cela et de tenter d'identifier clairement tous ces protagonistes divins.

5 - Identification des protagonistes divins et liens avec les Chroniques du Ğírkù

Une fois n'est pas coutume, débutons avec un tableau comparatif confrontant les traits et motifs des divers récits de conflits divins des quatre principales mythologies abordées dans nos essais :

Corpus Mythologique / Élément de Mythe	Sumer & Akkad	Égypte	Anatolie	Grèce
Groupe divin 1 (forces primordiales)	Armée de Kingu (Monstres)			Titans
Groupe divin 2 (grands dieux)	Anunna(ki)	Troupes de Seth		Olympiens
Groupe divin 3 (dieux inférieurs)	Nun.gal.meš / Igigi	Shemsu	Ullikumi	Géants
Serpent-dragon des eaux	Tiamat	Apophis	Illuyankaš	Typhée
Dieu de l'atmosphère vainqueur du dragon	Marduk	Seth	Tešub	Zeus

Conflit divin 1	Tiamat tuée par Marduk Guerriers de Kingu envoyés dans le monde souterrain	Apophis chassé par Seth jusqu'au fin fond des abymes	Illuyankaš détruit par Tešub	Titans vaincus par Zeus et envoyés dans le Tartare Typhée anéanti par Zeus
Conflit divin 2	Révolte des Igigi contre Enlíl sur les conseils d'Enki		Ullikumi envoyé comme outil vengeur par Kumarbi contre Tešub	Révolte des Géants contre Zeus et les Olympiens sur les conseils de Gaïa
Conflit divin 3	Gilgameš combat Ḫumbaba	Horus combat Seth		Héraklès combat Arès

Plusieurs points peuvent peut-être vous surprendre dans ce tableau. Nous allons les reprendre un par un. J'assimile donc l'armée de Tiamat et son commandant Kingu aux Titans. Les deux groupes symboliseraient des forces primordiales remplacées par un ordre moral et social divin instauré par une divinité de l'atmosphère. Dans ce cas Kronos serait Kingu et Tiamat serait Rhéa. Il n'y a pas véritablement d'équivalence ni en Anatolie – où Kumarbi présente une nature quasi androgyne et un caractère ambivalent à la fois maternel et guerrier – ni en Égypte. Pour la mythologie des Deux Terres, je rapprocherais cependant Tiamat de Naunet, parèdre de Nun qui, nous l'avons vu au chapitre précédent, présente des accointances avec Apsû, Alalu et Okéanos-Ouranos, trois souverains primordiaux de nature aqueuse qui – tout comme Hadès – s'assimilèrent à un domaine souterrain et/ou aquatique, après être devenus des *dei otiosi*.

Dans le cas des Titans comme celui de l'armée de Kingu, la défaite de l'ordre ancien est assurée, le roi des Cieux Marduk-Zeus les défait, les enchaîne avant de les précipiter à jamais dans le Monde inférieur. Comme nous l'avons dit plus haut, le commandant Kingu est sans détour l'image de l'engeance Kingú des *Chroniques du Ǧírkù*. Les survivants Kingú Babbar ayant soutenu la reine Tiamata sont chassés sans relâche par le clan Anunna-Ušumgal (Olympiens) et sont contraints de se dissimuler dans la croûte terrestre[165] et dans les dimensions inférieures de la réalité, d'où l'idée de "chute" des uns dans le Séjour souterrain et dans le Tartare pour les autres (Titans). La souveraineté d'Uraš passera ainsi des mains des Kingú à celles des Anunna-Ušumgal.

L'association des Olympiens dirigés par Zeus, aux Anunna dirigés par An et Enlíl et aux partisans de Seth paraît évidente sans qu'il y ait besoin d'en dire plus. L'idée de mettre en parallèle les Igigi avec les Géants, et pire, Ullikumi, peut paraître plus surprenante et pourtant plusieurs motifs nous y conduisent :

Igigi fils d'Enki[166]	Géants fils de Gaïa	Ullikumi fils de Kumarbi
Enki père de Marduk		Kumarbi père de Tešub
Igigi travaillent la terre	Géants issus de la terre	Ullikumi produit de la terre/roche
Enki cherche à contrecarrer les plans de An et Enlíl. Furieux de la condition de ses fils	Gaïa cherche à se venger des Olympiens. Furieuse contre le sort réservé aux Titans	Kumarbi veut sa revanche sur Tešub
Enki motive les Igigi à la révolte	Gaïa motive les Géants à la guerre	Kumarbi projette sa semence sur une montagne pour générer Ullikumi
Les Igigi prennent les armes et montent jusqu'à la demeure de An	Les Géants s'arment de rochers et escaladent l'Olympe	Ullikumi, géant de roche, grandit jusqu'à atteindre les Cieux
Les dieux paniquent et cherchent la médiation	Les dieux réagissent et préparent une contre-attaque	Les dieux s'inquiètent et envoient Ištar séduire Ullikumi

---

[165] Anton Parks, *Ádam Genisiš*, op. cit., pp. 85-86.
[166] Enki était comme nous le dit Anton Parks, le Roi du Peuple Serpent et, à ce titre, l'émissaire numéro un de la Source de Vie, de la Grande-Déesse. Voir son rôle dévolu à la Terre-Mère n'est donc point surprenant.

Un compromis est trouvé pour éviter le conflit mais un Igigi est immolé afin que ses restes servent à la création du nouvel esclave des dieux, l'homme.	Les Olympiens attaquent les Géants. Selon une tradition tardive, ils sont immortels aux coups des Olympiens. Héraklès doit les achever.	Tešub attaque en vain Ullikumi qui est devenu invincible. Éa fauche les pieds d'Ullikumi qui tombe et est achevé, l'on suppose (sources manquantes), par Tešub.

Édifiant vu sous cet angle, n'est-ce pas ? Cet épisode largement décrit par Anton Parks dans *Ádam Genisiš* nous présente les Nungal qui travaillent sans relâche pendant des siècles au service des Anunna avant qu'il ne soit décidé de créer un nouvel humanoïde pour servir les dieux. Notre supposition est appuyée par un simple rapprochement sémantique : le terme *Igigi/Igigu* a en effet pu dériver en *Gigas*, le terme grec ancien qui signifie "Géant" et que l'on pourrait traduire par "né(s) de la Terre". Décodé via le protosumérien, *Gigas* pourrait donner GIG(laborieux pénible, injurieux, rendre pénible, rendre malade)-AŠ(seul, unique, premier), ÁŠ(maudire, malédiction) : "les premiers (à la vie) laborieuse et pénible" ou "maudits par l'injurieux travail". Poursuivons.

Partout nous retrouvons un dieu de l'atmosphère et des tempêtes, de l'orage. En ancienne Mésopotamie, il s'agit de Marduk qui peut aisément se rapprocher d'Enlíl, le dieu du souffle et du vent ; en Égypte Seth est la déité des tempêtes et de l'orage, Tešub reprend ce rôle chez les Hourro-Hittites ; en Grèce c'est bien entendu Zeus qui endosse ces prérogatives. Chacun d'entre eux aidé de la foudre met à mort un dragon-serpent aquatique géant menaçant l'ordre divin en place : Tiamat, Apophis, Illuyankaš, Typhée. Et chacun des dieux de l'orage de prendre le pouvoir absolu sur l'Univers. Ce motif mythologique quasi universel est la description du passage des *Chroniques* évoquant la défaite de la reine Tiamata face à ses ennemis, le clan Anunna-Ušumgal, suivie de la prise de pouvoir du Marduk, Enlíl et de la chasse acharnée des soutiens Kingú à la souveraine des Gina'abul.

Si Seth est Marduk, ses partisans sont les Anunna, et par

analogie leurs adversaires naturels sont les Shemsu, suivants d'Horus, que l'on peut assimiler aux Igigi. Nous savons par les textes égyptiens plus récents puis par ceux des cycles mythologiques celtiques que les conflits entre Anunna et Shemsu se poursuivront...

Il est maintenant temps, comme promis au chapitre précédent, d'identifier un peu plus précisément les divinités décrites dans les chapitres II et III avec les protagonistes des quatre premiers tomes des *Chroniques* sortis à la rédaction de cet essai. Nous nous contenterons d'identifier les déités présentes au plus proche des racines des arbres généalogiques mythiques. Nous n'évoquerons pas ici les personnages hourrites et hittites qui n'auront que peu d'importance dans la suite de notre étude. Comme vous le verrez, il n'y a pas qu'une seule identification possible pour un personnage. Nous en avions parlé plus haut et nous retrouverons cet éclatement des personnalités tout au long de nos essais ; nous les indiquerons par un indice numérique entre parenthèses (critère plus proche de 1 en fonction de l'importance et/ou de l'ancienneté de l'identification ; ici le 0 ne sert qu'à désigner Pištéš et Éa'am). Pour plus de simplicité, reportez-vous aux arbres généalogiques du chapitre précédent et à l'arbre généalogique intermédiaire en fin de chapitre.

Chroniques du Ğírkù	Ancienne Mésopotamie	Égypte	Grèce
Pištéš – Šuḫia	Ki(0) – Aruru(0)	Pistis – Sophia (Gnostiques) Mut(0)	Gaïa(0)
Éa'am	Ḫarbu / Ḫarab		Ouranos(0) – Okéanos(0) – Ophtion(0)
Barbélú	Ki(1) – Aruru(1)	Barbēlō (Gnostiques) Mut(1)	Gaïa(1) – Téthys – Eurynomé
Ía'aldabaut		Ialdabaôth (Gnostiques)	Phanès – Protogonos – Éros Kronos(1) Ouranos(1) – Okéanos(1) – Ophtion(1)
A'a / Wa	Uan – Oannès (Adapa)	Âa / Ua	Pontos Cabires
Tiamata – Tigeme	Ki(2) – Tiamat	Naunet – Apophis Mut(2)	Gaïa(2) – Rhéa(1) – Typhée
Nuréa – Nammu	Namma – Nidada	Nut – Mut(3)	Gaïa(3) – Déméter
Abzu-Abba	Apsû	Nun	Kronos(2) Ouranos(2) – Okéanos(2) – Ophtion(2)
Laḫmu / Laḫamu Anšár / Kišár	Laḫmu / Laḫamu Anšár / Kišár		
An	Anu	Atum-Rê – Amon-Rê	Zeus
Kingú Babbar	Kingu	Archontes (Gnostiques)	Titans(1)
Ušumgal-Anunna	Anunnaku – Anunnaki	Partisans de Seth	Olympiens Titans(2)
Nungal	Nun.gal.meš – Igigi	Shemsu	Géants Curètes – Corybantes
Namlú'u			Cyclopes (?)

Amašutum			Nymphes
Ama'argi			Érinyes
Abgal	Abgal – Apkallû Imina.bi – Sebittu	Shebitiu Djaïsu	Telchines Dactyles

Nous avons listé, à peu près dans l'ordre d'apparition, en premier lieu les protagonistes puis les groupes de protagonistes tels qu'ils se présentent à nous dans les *Chroniques*. Vous remarquez instantanément que nous avons éludé certains personnages tels les deux enfants manquants de Barbélú, Emesir et Muš'šagtar, respectivement mâle et femelle à l'origine de toute la souche Gina'abul. La raison est simple, je n'ai pu identifier ces êtres – dont l'existence même a disparu de la mémoire Gina'abul – dans les mythologies étudiées pour *Quand les dieux foulaient la Terre*. Étant les plus anciennes de la planète, je doute que nous les retrouvions dans d'autres traditions. Est-il possible que ces deux rejetons correspondent à Ouréa, "les Monts", enfants de Gaïa, engendrés par parthénogenèse, dont nous n'avons pas parlé jusqu'alors ? Plusieurs signes nous mettraient sur cette voie paraissant improbable. Il existe une même particule sumérienne pour définir les étoiles et les montagnes : IŠ. Ouréa peut se décomposer phonétiquement ainsi : ÚR(legs, racines), UR_5(cœur, âme)-É(maison)-A(eau), soit "le legs (ou le cœur) de la Maison de l'Eau". Rappelons que les enfants de Emesir et Muš'šagtar, ainsi que ceux des Abgal, durent quitter Dubkù sous la contrainte des Kingú Babbar, plaçant leur nouveau foyer dans les étoiles... y aurait-il eu glissement conceptuel entre les montagnes et les étoiles ? Ouréa symboliserait-il le "legs de la Maison de l'Eau" qui s'est séparé de sa Mère pour rejoindre les étoiles ?

Je pense également que les éléments sortis du Chaos des Origines – selon les traditions grecques – doivent avoir un sens, une identité. Nyx, la Nuit, Érebus, l'Érèbe, Éther et Héméra, respectivement le Ciel supérieur et la Lumière du Jour. Nous avons vu dans le chapitre II que Nyx planait au dessus des Abysses de la Création avant de pondre un Œuf Cosmique d'où sort le lumineux Phanès. Nyx serait-elle un reflet de la Mère de Tout, alias Barbélú-

Gaïa qui a littéralement pondu Ía'aldabaut-Phanès ?[167] Ou bien est-elle la souveraine Pištéš, dont Barbélú est la réincarnation ?

Barbélú est bien entendu l'image lointaine de la Terre-Mère, elle est la Grande-Déesse des Sumériens, Aruru, ou la "*Mère Lumineuse du Vide*" ou encore Eurynomé, la "Grande Voyageuse", selon les Grecs. Il est inutile de s'attarder plus avant sur son identification. Les choses vont bientôt commencer à se compliquer, surtout si vous n'avez jamais lu les *Chroniques* de Parks ! Accrochez-vous ou relisez plusieurs fois ce qui va suivre, il nous était difficile de faire à la fois synthétique et court.

Si nous reprenons la *Théogonie de Dunnu*, certains éléments peuvent nous paraître familiers vis-à-vis du *Livre de Nuréa*, notamment. Il est question dans le texte cosmogonique sumérien d'une famille céleste arrivée en un lieu, Dunnu, et ne pouvant repartir en leur foyer d'origine. Un couple est à l'honneur dans le récit : Ki (Terre) et Ḫarbu / Ḫarab (Char). Le père, Ḫarbu / Ḫarab meurt et est enterré sur la terre de Dunnu. Son épouse a produit avec lui une progéniture (dont Tiamat) et un fils avec lequel elle s'unira. La génération d'héritiers assassin pouvait commencer à prospérer…

Ne trouve-t-on pas dans le tome 0 des *Chroniques* une histoire quelque peu équivalente ? Pištéš arrive sur Dubkù (Terre) avec son époux Éa'am dans une machine quantique, un char céleste en quelque sorte. Pištéš sort de la machine et se "désynchronise" d'Éa'am qui repart sans elle à son lieu d'origine. Éa'am repartira chercher son épouse grâce à la machine quantique mais restera bloqué dans une dimension du temps et de l'espace inaccessible – jusqu'à ce qu'il en soit sorti par l'opération suicidaire de Šuḫia. Pour éviter tout risque de dérèglement spatio-temporel, les Mušidim enterrèrent la machine quantique ou plutôt l'emplacement où la machine devait réapparaître – si tant est qu'elle réapparaisse un jour.[168] Par la suite, Barbélú, avatar de Pištéš, rejoua la même tragédie que lors de sa précédente

---

[167] Anton Parks, *Le Livre de Nuréa*, op. cit., pp. 180-187.
[168] Ibidem, pp. 108-110.

incarnation et arriva sur Dubkù où elle conçut des enfants dont un fils, Ía'aldabaut, duquel seront engendrés les Kingú Babbar. Plus tard, les progénitures des Kingú, les Ušumgal, mettront au monde l'avatar Tiamata en tant que réceptacle de l'esprit de Barbélú-Pištéš. Quant à l'enchaînement meurtrier qui s'en suivra nous l'évoquons un peu plus bas avec la "malédiction" touchant les souverains Gina'abul. Cette analogie permettrait d'identifier Ḫarbu / Ḫarab comme le souverain disparu Éa'am.

La séparation de Ki et de Ḫarbu / Ḫarab est peut-être reflétée dans celle de Gaïa et d'Ouranos, comme dit plus haut, et pourrait symboliser la désynchronisation mentale puis physique de Pištéš et d'Éa'am. Dans ce cas de figure, le souverain Éa'am, par association à Gaïa(0) – Téthys(0) – Eurynomé(0) et en lien avec cette séparation deviendrait Ouranos(0) – Okéanos(0) – Ophion(0).

***

J'ai volontairement donné les noms gnostiques des principaux personnages du tome 0 étant donné que ce mouvement religieux était très prégnant en Égypte où les textes ont pu un jour trouver leur source. L'identification entre Ía'aldabaut et Phanès-Protogonos-Métis-Éros est sans équivoque : Phanès est un Démiurge aux grands pouvoirs, maître du temps et de l'espace, générateur de la matière et des premiers dieux, dont Gaïa comme certaines traditions le prétendent. L'un comme l'autre sont donc également des usurpateurs...

L'épisode orphique de Zeus avalant Phanès-Métis pour récupérer ses pouvoirs est répercuté dans la *Théogonie* d'Hésiode où Zeus engloutit la déesse Métis (personnification de l'Intelligence) lorsqu'il apprend qu'elle est destinée à lui donner un fils appelé à le destituer. Éros, le principe fécond par excellence, assimilé à l'Amour est l'une des divinités primordiales aussi bien dans les traditions classiques qu'orphiques. Tout comme Phanès, Éros est souvent figuré équipé d'ailes lumineuses et paré d'une beauté incomparable. Il est distingué – à tort selon moi – du Éros, fils d'Aphrodite. Pourquoi à tort ? Simplement parce qu'ils représentent tous deux le même dieu sous deux aspects (deux incarnations ?) différents. Pour le comprendre, il faut distinguer deux *Aphrodites* : la fille (symbolique) d'Ouranos(0)-Éa'am née de la Terre Gaïa(0)-Pištéš : Barbélú et la fille née de Zeus et Dioné représentant l'une de ses héritières, l'un de ses fragments d'âme si l'on peut dire, Sé'et-Inanna. Cette héritière aura pour enfant le petit Éros qui, à l'image de la divinité primordiale éponyme, naîtra sans géniteur et possédera une grande intelligence doublée d'un pouvoir non moins important.

Voyons à présent pourquoi nous associons Ía'aldabaut à Ouranos(1) – Okéanos(1) – Ophion(1), ainsi qu'à Kronos(1). Kronos(1) est Ía'aldabaut (et par extension ses rejetons : les Kingú Babbar), descendance de Barbélú-Gaïa(1), assimilable aux Titans comme nous l'avons dit plus haut – l'épisode grec de la séparation entre pouvoirs ouraniens et terrestres via la castration d'Ouranos par Kronos nous met sur cette voie ; les Kingú Babbar de Ía'aldabaut sont effectivement la raison du départ de la Terre d'une bonne partie des Gina'abul – et Kronos(2) est le souverain Ušumgal Abzu-Abba, époux de Tiamata-Rhéa-Gaïa(2) assimilable à Okéanos-Ouranos-Ophion par son mariage avec la fille de la Terre-Mère et par sa nature aqueuse.

Il est aussi intéressant, concernant Okéanos-Ouranos-Ophion, de constater qu'une partie de son aventure tend vers un rapprochement avec celle de Ía'aldabaut. Ce dernier a été engendré par Barbélú par parthénogenèse, Ouranos l'a été par Gaïa, Ophion par Eurynomé ; de ce fils Gaïa-Euynomée a conçu les premiers monarques divins, les Titans de même que Ía'aldabaut a produit les Kingú Babbar – engeance royale – grâce à Barbélú. En outre, comme dans le *Livre de Nuréa*, dans lequel Barbélú cherche à se débarrasser de sa progéniture, Gaïa organise une conspiration pour écarter Ouranos de son existence, et Eurynomé de brutalement écraser son compagnon ophidien. Enfin, le cruel Kronos confondu phonétiquement avec le dieu orphique Chronos est le Maître du Temps ; devenu *dei otiosi*, il est à jamais une divinité endormie. Cette maîtrise du temps est, vous l'aurez compris, également l'un des immenses pouvoirs de Ía'aldabaut dont il fait la démonstration à sa génitrice médusée.[169] Les figurations de Kronos, d'Éros et du Ialdabaôth des Gnostiques finiront par mettre tout le monde d'accord.

De gauche à droite : gravure du Musée de Modène de Phanès-Éros (bas-relief gréco-romain, IIe siècle av. J.-C.), figuration du Aion-Kronos des Orphiques (selon une gravure du IIIe-IIe siècle av. J.-C. du Musée grégorien profane du Vatican) et représentation du Ialdabaôth des Gnostiques.

Il est le même dieu sous différentes appellations. Certains y reconnaîtront également Mithra, divinité centrale du mithraïsme. Un personnage léontocéphale et aux ailes d'or (symbolisant la lumière), sortant de l'Œuf Cosmique de la création, générateur de la matière, souverain du temps (symbole du serpent qui s'entoure autour de son corps) et de l'espace (signes du zodiaque gravés sur son corps)… Soit le grand Démiurge décrit dans le *Livre de Nuréa*.

***

Si Emesir et Muš'šagtar sont à l'origine de toutes les races Gina'abul (hors Kingú) et que Ía'aldabaut a conçu les Kingú Babbar, il ne nous manque plus que les deux derniers enfants de Barbélú, les jumeaux Abgal primordiaux (d'où sont issus tous les membres de la race éponyme) : A'a et Wa. Ils sont aisément

---

[169] Ibidem, pp. 215-216.

identifiables avec la divinité marine grecque Pontos, fils de Gaïa, mais aussi aux Cabires qui, selon certaines traditions, sont issus d'elle. Nous verrons que Pontos est le géniteur des Telchines et des Dactyles que nous assimilerons également sans peine aux Abgal-Apkallû des mythes de l'ancienne Mésopotamie et aux Shebitiu d'Égypte. Les Apkallû (ou Sept Sages) des mythes étaient réputés être sortis des rivières après le déluge afin d'apporter la connaissance à l'humanité.

A'â et Wa sont les premiers des huit Shebitiu présents dans les textes égyptiens d'Edfu où ils apparaissent comme Âa et Ua. Ils sont décrits comme fils de Tanen (épithète de Ptah-Osiris) et auraient participé non moins qu'à la Création. *Shebitiu* se rapproche de *Sebittu*, un terme akkadien bâti sur le terme *Sebe* qui désigne le chiffre sept (IMINA.BI en sumérien). Les Sebittu représentaient deux groupes de sept individus divins en ancienne Mésopotamie, l'un était composé de démons au service d'Erra et l'autre de dieux bons et serviables. Ces sept Sebittu ont tout lieu d'être les sept Apkallû et les huit Shebitiu d'Égypte comme l'a démontré Parks dans *La Dernière Marche des Dieux*.[170] Pourquoi sont-ils huit en Égypte ? Peut-être que Tanen-Osiris est compté comme l'un d'entre eux. Nous n'avons pas plus d'explication à cela. Sont-ils en lien avec l'Ogdoade hermopolitaine ? Là encore aucune certitude mais les deux engeances de huit divinités sont bien associées à la Création.

Il faut noter l'existence, toujours dans la religion d'Edfu, d'un autre groupe de sept déités (associées aux Shebitiu) supposées figurer les sept paroles créatrices de Neith : les Djaïsu. Ce groupe divin est clairement identifiable, via l'Emeša, aux Sept Sages des mythes suméro-akkadiens, les fameux Abgal-Apkallû : ZÁ(bord, à l'extérieur de)-I$_7$(rivière)-SÚ(sagesse, sage, enseignant), soit "les sages des bords (ou de l'extérieur) des rivières". Nous verrons dans les *Douze Dieux de l'Olympe* pourquoi ils se rapprochent des groupes divins grecs que sont les Telchines, les Dactyles ou encore les Cabires. Nous ne retrouverons chez les suméro-akkadiens que l'Abgal Wa en la personne de Uan (ou Uanna) akkadisé en Oannès

---

[170] Anton Parks, *La Dernière Marche des Dieux*, op. cit., page 60 et suiv.

appelé aussi Adapa, A'a ayant certainement pris un autre nom à cette époque.

***

Est-il nécessaire de revenir sur l'identification de Tiamata ? Ses fonctions, histoires, descriptions et filiations sont parfois si ressemblantes d'une mythologie à l'autre qu'il serait rédhibitoire de revenir dessus. Notons malgré tout qu'elle possède plusieurs identités en Grèce et en Égypte où elle présente une face paisible, maternelle, créatrice (Rhéa et Naunet) qu'elle a héritée de Gaïa-Barbélú mais aussi un visage vindicatif et guerrier (Typhée et Apophis), lorsqu'il s'agit de défendre ses intérêts – ou de venger la mort de son époux ! Son lien avec son ascendante Barbélú est clairement établi dans le *Livre de Nuréa*[171] où l'on apprend qu'elle est conçue dans une matrice artificielle par les Ušumgal avant d'user de son Níama et de sa Triple Puissance (parthénogenèse) pour auto-engendrer des centaines de futurs guerriers Ušumgal et une nouvelle souche de femelles, les Amašutum. Elle ne manquera pas non plus de motiver ses enfants à se rebeller contre leurs geôliers Kingú. Les Ušumgal se révolteront tant et si bien qu'ils engendrèrent une guerre intestine d'ordre galactique – la fameuse Grande Guerre des *Chroniques* – qui décimera leur souche, et la quasi-totalité des membres des autres races, mais les placera à la tête de la famille Gina'abul. Tiamata deviendra la Mère Révérende de tous les Gina'abul, héritière du statut et des prérogatives de Sainte Barbélú. C'est pourquoi nous retrouvons en Grèce le dieu aquatique, ophidien Okéanos-Ophion, reflet d'Apsû (Babylone) et de Nun (Double-Pays), fils et amant de Gaïa-Téthys-Eurynomé alors que par analogie ce serait plutôt à un Kronos d'assumer ce rôle…

Les deux divinités se confondent, comme Rhéa (puis Déméter après elle) qui reprend les attributions de sa mère Gaïa. Et c'est justement parce que ces déesses sont les garantes du prolongement de l'esprit de la Mère des Origines, que leurs parèdres se mélangent, s'absorbent. C'est le phénomène décrit

---

[171] Ibidem, pp. 249-254.

pragmatiquement dans les récits oprhiques : Zeus "avale" Phanès avant d'être lui-même "avalé" par Dionysos. Voici un enchaînement générationnel des Grandes-Déesses héritières de l'esprit de la Mère des Origines – peut-on parler ici de transfert de charge karmique ?[172] – et leurs identifications respectivement dans les mythologies suméro-akkadiennes, égyptiennes et grecques :

- Pištéš → Auru(0) ? / Ki(0) ? → Mut(0) ? → Gaïa(0) ?
- Barbélú → Aruru(1) / Ki(1) → Mut(1) → Gaïa(1)
- Tiamata → Tiamat / Ki(2) → Naunet / Mut(2) → Gaïa(2) / Rhéa
- Nuréa → Nammu / Damkina / Aruru(2) / Nidaba → Mut(3) / Nut → Gaïa(3) / Rhéa(2) / Déméter(1)
- Sé'et → Ninki / Ereškigal / Ninlíl-Sud → Isis → Artémis / Hécate / Perséphone / Déméter(2) / Rhéa(3)

Nous n'évoquerons pas ici ni les Agarin de l'Ombre (organisation matriarcale au service de Pištéš) dont est issue Šuḫia, ni les Matriarches Sombres (créées par Šuḫia par parthénogenèse) dont Barbélú est une membre. Il s'agissait juste de les évoquer car ces deux groupes – évoqués dans le seul tome 0 des *Chroniques* – apparaissent dans le prochain arbre généalogique.

Il y a un autre élément qui se transmet en parallèle de l'héritage de la Déesse des Origines, c'est la malédiction jetée de père en fils aux prétendants du trône de la montagne sacrée, image de la butte des origines (le fameux Dukù – $DU_6\text{-}KÙ$ – ou lieu d'origine des grands dieux).

Chez les Grecs, le propos est limpide : Ouranos est destitué par Kronos qui est maudit par son géniteur, Kronos est déchu par Zeus qui, lui aussi, est maudit par son père. Nous ne reviendrons pas sur le *Chant de Kumarbi* qui décrit exactement le même processus. La

---

[172] Pour ceux qui ont lu la réédition du *Secret des Étoiles Sombres* paru en 2016 (op. cit., pp 325-327), vous savez que le lien intime entre Barbélú et Sé'et est bien plus qu'un héritage ou une charge karmique ! Sé'et étant devenu le vaisseau de l'esprit de Barbélú. Nous comprenons un peu mieux les collusions entre les rôles de mère et fille dans la mythologie, Nuréa étant dans ce cas de figure tout autant l'héritière et descendante de Barbélú que sa génitrice via Sé'et.

Théogonie de Dunnu, sans parler explicitement de malédiction, en présente néanmoins toutes les caractéristiques. Ce cycle infernal et meurtrier de prises de pouvoir de descendants sur les ascendants ne se terminant qu'au bout de sept générations n'est enviable à aucune famille ! Devrions-nous penser que l'histoire se répète en boucle ? Les *Chroniques* nous répondent par l'affirmative : les Kingú Babbar sont remplacés par les Ušumgal dont Abzu-Abba est le souverain ; Abzu-Abba est assassiné par Enki-Éa qui récupère ses titres (son géniteur An en profitant pour assurer la continuité du pouvoir exécutif) ; Enlíl, fils d'Enki et protégé de An, reprend l'autorité de son créateur et enfin Horus venge Enki (tué par Enlíl) en reprenant les rênes du pouvoir qui lui revenait de droit. L'ironie du sort voulant qu'Horus ait des gènes Kingú Babbar... La boucle est bouclée et la malédiction a fait son office, les Kingú ont indirectement récupéré la souveraineté de laquelle ils avaient été violemment délogés.

La confusion s'opère également au niveau des groupes divins puisque les Olympiens sont issus d'un couple de Titans et pourraient être considérés comme tels. Leur qualification d'Olympiens permet simplement de les distinguer de leurs prédécesseurs-géniteurs. L'on pourrait ainsi dire que les Olympiens sont des Titans(2). Cette assertion n'est pas anodine puisque comme nous le verrons dans le tome 2, la tradition orphique attribue le meurtre et le dépeçage du petit Dionysos (Enki-Osiris) aux Titans qui, à cet instant mythologique, ont été depuis longtemps remplacés par les Olympiens-Anunna. Fermons à présent la parenthèse confuse concernant les déités antiques aux multiples identités et parlons un peu des groupes et personnages plus récents – tout étant relatif. Résumons pour conclure dans le même schéma que le précédent :

- ➢ Ía'aldabaut → Non identifié → Ialdabaôth (Gnostiques) → Okéanos(1)-Ouranos(1)-Ophion(1) / Phanès-Protogonos-Éros(1) / Kronos(1)
- ➢ Kingú → Kingu → Archontes (Gnostiques) → Titans(1)
- ➢ Abzu-Abba → Apsû → Nun → Okéanos(2)-Ouranos(2)-Ophion(2) / Kronos(2)
- ➢ Ušumgal-Anunna → Ušumgal-Anunna → Partisans de Seth

→ Olympiens / Titans(2)

Les protagonistes Laḫmu, Laḫamu, Anšár et Kišár ne se retrouvent que dans la mythologie sumérienne, avec les mêmes appellations et filiations que dans les *Chroniques*. Inutile de s'attarder là-dessus. An comme nous verrons à la toute fin du tome 2 reprend les mêmes fonctions et pouvoirs que dans les écrits d'Anton Parks et l'universalité du personnage est sans équivoque : toutes les mythologies comprennent sa figure de divinité céleste absolue, maître des éléments, de la lumière, souverain de la Montagne Sacrée et Roi des dieux. Nous avons suffisamment parlé des Anunna pour ne pas y revenir trop souvent.

Interrogeons-nous simplement sur la nature des Hécatonchires de la mythologie grecque. Fils de Gaïa et Ouranos, leur nom peut se traduire en "qui possède cent bras ou cent mains". Au nombre de trois, cela porte leur nombre de bras à trois cents, un chiffre qui n'est pas sans nous rappeler le nombre d'Igigi ou d'Anunnaki évoqué dans les tablettes suméro-akkadiennes. Sont-ils les uns ou les autres ? Ils peuvent être les deux engeances à vrai dire, ils sont qualifiés d'orgueilleux comme les Anunna mais sont également les gardiens du Monde des ombres, attribution qui correspondrait parfaitement aux Nungal-Igigi. Ils ont assisté Kronos, puis Zeus dans leurs coups d'État respectifs ce qui les rapprocherait plus des Anunna que des Nungal-Igigi. Mais là encore, aucune certitude à leur sujet.

***

Terminons la description de notre tableau avec des groupes aux identifications plus floues. Il s'agit principalement des races Gina'abul affiliées au pouvoir du Féminin Sacré : Nungal-Shemsu, Amašutum, Ama'argi et Namlú'u. Il faut comprendre un point fondamental : tous ces groupes mythiques ont donné lieu, après leur disparition, à une récupération par les hommes qui s'identifièrent à eux sous la forme de confréries, de collèges tout ce qu'il y a de plus humain. Ainsi les Sept Sages de la mythologie suméro-akkadienne ont débouché sur une organisation sacerdotale constituée d'érudits et de savants dans la région de l'ancienne

Mésopotamie, officiant comme prestigieux conseillers aux souverains locaux. Il en fut de même en Grèce où des collèges de prêtresses reprirent les attributions et prérogatives des Amašutum, poursuivant jusqu'à l'époque de l'Europe moyenâgeuse les tâches de leurs prédécesseuses divines comme nous le verrons dans les *Douze Dieux de l'Olympe*.

Que nous disent les *Chroniques du Ğírkù* au sujet de ces divers groupuscules. Commençons par les dames – ou devrions-nous dire femelles ? – les Ama'argi sont des femelles Gina'abul créées sur Dubkù, la Terre, comme la nommaient les Mušidim, par Pištéš (par parthénogenèse) avant que celle-ci ne soit éliminée par Šuḫia.[173] Elles sont sorties de leur demeure souterraine, l'Abzu, pour se rallier à Barbélú lorsque celle-ci se retrouva isolée et prise à partie sur Dubkù par les Kingú Babbar de son fils Ía'aldabaut. Tout les désigne comme les Érinyes, filles de Gaïa – Gaïa(0) ici, soit Pištéš –, divinités "infernales" et donc de nature chtonienne, associées à l'idée de vengeance et de punitions, protectrices de la Grande-Déesse sous l'apparence d'Athéna et gardiennes de la justice.[174] Euripide les identifia aux Euménides, les "*Bienveillantes*". Comme les Érinyes, les Ama'argi "montrent les griffes" lorsque cela s'avère nécessaire. Le décodage du sens du terme *Érinyes* (Ἐρινύες / *Erinúes* en grec ancien) est sans appel : ER(répandre)-IN(offense, injure)-Ù(fureur, cris)-EŠ(nombreux), "celles qui répandent les cris (ou la fureur) face aux nombreuses offenses" voire $ERIN_2$(troupe, armée, soldats)-Ú(charge)-EŠ(nombreux), "celles en charge des nombreuses troupes". Les Ama'argi ont clairement le rôle militaire affirmé qui ressort de cette décomposition. Quant à la première, elle décrit tout bonnement le caractère naturel des Érinyes.

---

[173] Ibidem, page 237.
[174] Eschyle, *Euménides*, 1041.

Les terribles et ténébreuses Érinyes selon un cratère apulien à figures rouges (vers 340 av. J.-C., Badishes Landesmuseum, Karlsruhe, Allemagne). Notez leur nature à la fois chtonienne, caractérisée par leurs bracelets et diadèmes faits de serpents, et à la fois céleste figurée par des ailes dorées. Ce sont là des attributs physiques que nous retrouverons chez d'autres entités mystérieuses telles les Gorgones.

Les autres filles de Gaïa, les Nymphes, sœurs des Érinyes, sembleraient plutôt se rapprocher des Amašutum. Les unes comme les autres étant des divinités au service de la nature, de la fécondité, de la fertilité. Les Amašutum sont les filles de Tiamata, Gaïa(2) dans notre classement. Le mot *nymphe* proviendrait du radical grec *nubere* (idée de féminité), que nous pouvons décomposer en NU_{11}(lumière)-BÉ(entendement)-RE_7(porter, conduire), soit "celles qui portent la lumière de l'entendement". En outre, les nymphes furent régulièrement les proies des pulsions sexuelles des dieux et créatures hybrides de toutes sortes : Olympiens, Satyres et autres Faunes ne se privaient pas pour les enlever et les outrager. Elles devinrent ainsi souvent contre leur gré les parentes de demi-dieux célèbres. Ces commerces "amoureux" forcés sont à rapprocher de ce qu'ont subi les Amašutum dans les *Chroniques*, contraintes de s'unir aux Mušgir et Ušumgal durant des siècles (voire des millénaires)[175] avant de devoir prendre pour époux, une fois échouées sur Uraš, des guerriers Anunna.

Les Nungal-Igigi sont identifiés aux Géants des origines. Nous ne reviendrons pas là-dessus. Il se peut que leur descendance hybride (humaine-Igigi), appelée Shemsu puis Neferu (en Kemet) ou Dogan (à Kalam), de taille supérieure à celle des Homo Sapiens et des Gina'abul ait pu être rapprochée en des temps plus récents à des Géants. La lignée étant la même, il n'y a que peu de collusion de vue ! Nous nous contenterons de nommer les Igigi Géants(1) et les Neferu-Dogan, les Géants(2). Ces guerriers Shemsu et Neferu-Dogan constitueront dans les *Chroniques* les troupes armées d'Horus ennemies des Anunna. Nous verrons rapidement dans le tome suivant pourquoi nous pourrons les associer aux Curètes-Corybantes, corporation sibylline s'il en est.

Enfin, et nous finirons cet essai là-dessus, les mystérieux Namlú'u, les "*immenses êtres humains*" éthériques gardiens de la planète ne sont... pas véritablement identifiés. Leur souvenir semble aussi diffus que leur présence physique au sein des populations humaines. Nous pourrions toutefois y voir les Cyclopes, tout du moins les premiers d'entre eux, les Cyclopes ouraniens, enfants de Gaïa et Ouranos. Le mot *Cyclope* provient du grec ancien κύκλωψ / *kýklôps* décodable en KÙ(saint, sacré), KU$_4$(introduire, transformer)-KUL(rassembler, unifier)-UŠ(instaurer), UŠ$_8$(lieu de fondation), soit "introduits pour instaurer l'unification" ou "ceux qui transforment et unifient le saint lieu de fondation". Quoi de plus normal pour les gardiens d'Uraš ?[176] Leur taille gigantesque a d'ailleurs traversé les âges ; il est courant de qualifier un ouvrage imposant de "cyclopéen". Le qualificatif ayant été utilisé pour désigner des artisans produisant de telles constructions dans l'Antiquité. Il est toutefois intéressant de noter que l'aspect "physique" et le rôle de gardiens de l'immense territoire terrestre auraient pu traverser les âges sans

---

[175] Anton Parks, *Le Secret des Étoiles Sombres*, op. cit., pp. 200-201.
[176] Id., *Ádam Genisiš*, op. cit., pp. 25-39.

être grandement altérés.

Avant de vous faire état des prochains axes de recherche exposés dans l'essai qui va nous offrir les plus belles surprises et comparaisons de tous ordres, clarifions l'ensemble des deux derniers chapitres avec un rapide arbre généalogique :

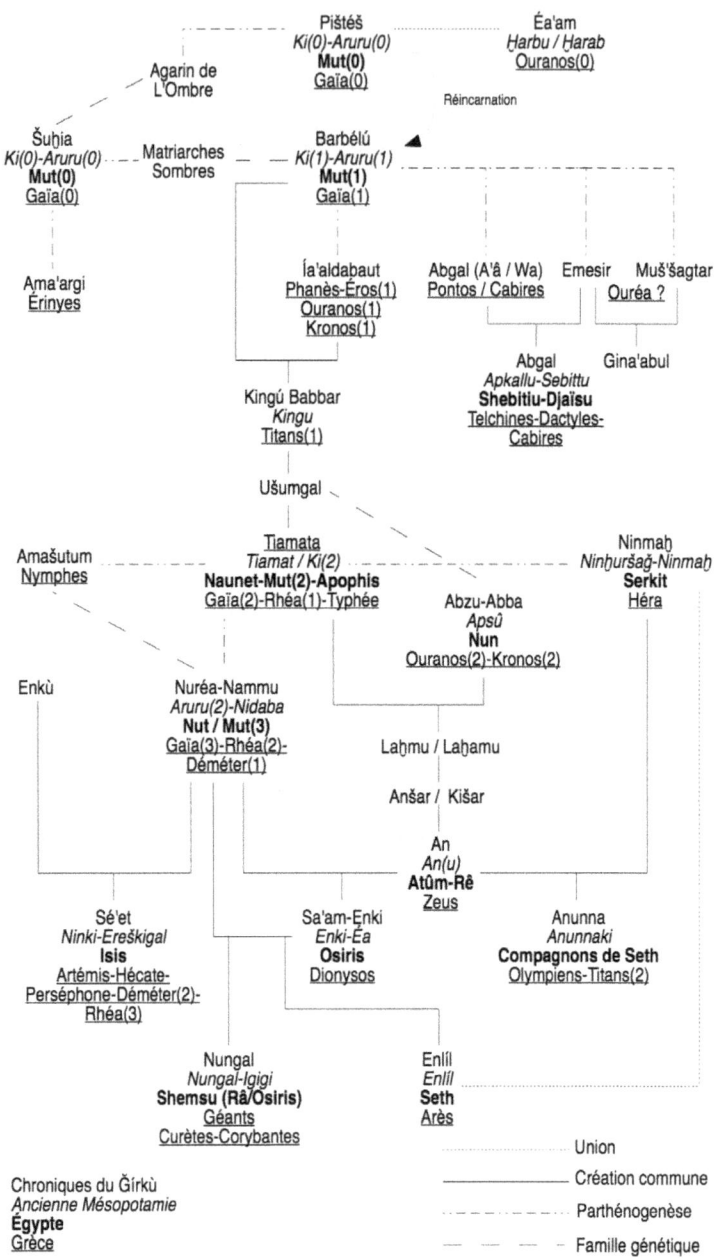

6 - Au pied du Mont Olympe

> *"Je vois les dieux puissants dans leurs tranquilles demeures que n'ébranlent pas les vents, que les nuages ne battent pas de leur pluie, que la blanche neige glacée n'outrage pas dans sa chute, car un éther toujours serein leur sert de voûte et leur verse à larges flots sa lumière en riant. Tous leurs besoins, la nature y pourvoit et rien en aucun temps n'altère la paix de leurs âmes."*
> **Lucrèce, *De la nature des choses*, Livre III, vers 17-24.**

Nous avons longtemps voyagé et sommes enfin arrivés à destination : au pied des pentes rocheuses et enneigées de l'Olympe. Dans peu de temps se tiendra au sommet un rassemblement particulier auquel toute l'assemblée divine est convoquée. Il ne nous fallut pas attendre plus de quelques minutes avant de voir les premiers Olympiens arriver : Apollon, fils de Léto et de Zeus, se dévoila d'abord dans toute sa gloire. Il revenait de l'Hyperborée sur son char céleste tiré par deux majestueux cygnes blancs. D'aucuns prétendent que ces volatiles sont des présents de sa sœur Aphrodite. Sur les roues de son char, l'on distinguait des Svastikas ; nous avions déjà aperçu ce symbole lors de nos voyages, mais où ? Dans son sillage suivaient une nuée de corbeaux dont un groupe se détacha de l'ensemble pour rejoindre ce qui semblait être une cohue d'animaux en fuite. En y regardant de plus près, nous aperçûmes à la tête de cette équipée sauvage la belle Artémis – sœur jumelle d'Apollon – chevauchant un ours merveilleux d'impressionnante stature. Elle était armée de son arc d'argent, de son carquois ; son front était ceint d'un diadème en forme de croissant de lune et à son cou brillait un large collier qui semblait attacher sa tête au reste de son corps. Les corbeaux se placèrent dans son dos de sorte à former deux ailes gigantesques. Le reste de sa suite animale se constituait de fauves, de canidés, mais également de chevaux et de caprinés. Au pas de course derrière cette horde curieuse, des Curètes tout en armes accompagnaient à n'en pas douter Artémis. À moins que ce ne fût Apollon. Mais pourquoi les protecteurs de la petite enfance de Zeus se mettraient-ils ainsi au service des jumeaux divins ?

La terre trembla sous nos pieds et nous scrutâmes le ciel pensant y voir Zeus à l'œuvre mais ce ne fut pas la foudre qui frappa le sol. Non loin de là, la terre s'entrouvrit et de l'eau en jaillit à profusion. La pointe d'un trident se dévoila progressivement et, tout en s'élevant de l'ouverture, révéla l'identité de son propriétaire : le frère de Zeus, le ténébreux Poséidon. Derrière lui apparurent son épouse Amphitrite et toute une congrégation atlante aux armures coruscantes, déposées à la surface par des dauphins blancs. Des Telchines se trouvaient également à ses côtés ; ces maîtres de la magie possédaient des capacités que même les dieux redoutaient. Tous se stabilisèrent sur l'étendue aquatique, comme si l'eau n'était pour eux qu'un dallage de pierre. L'eau était-elle devenue solide ? Quel pouvoir Poséidon avait-il sur l'élément liquide ? Nous en saisîmes toute la mesure lorsque d'un geste il leva son trident vers le ciel et que lui et sa suite furent transportés vers les cimes enneigées par un geyser comme s'ils se trouvaient propulsés par un bras cyclopéen.

Du haut du temple olympien, peut-être interpellés par les agitations causées par les membres de leur famille divine, Arès et sa sœur Eris observaient le Monde des mortels avec dédain. Son casque sous son bras droit et sa lance dans la main gauche, le teint rougeâtre, la tignasse noire et crépue, le dieu colérique était prêt à en découdre à tout instant. Il attendait impatiemment l'arrivée de son frère Héphaïstos : les moqueries envers le dieu claudicant détourneraient sans doute provisoirement la haine que ses proches éprouvaient à son égard – surtout depuis son jugement pour le meurtre d'Halirrhotios, fils de Poséidon. Il prévit, à la moindre parole déplacée à son endroit, d'aller broyer littéralement tous les hommes d'une Citée. Être détesté par les mortels, quelle supercherie ! Le voyant troublé, Aphrodite, elle aussi déjà sur les lieux, s'approcha de lui, la démarche féline ; une colombe nichait dans sa coiffe exubérante. Elle croisa ses mains sur l'épaule droite de son frère pour aller déposer un tendre baiser sur sa joue. Elle le rassura en lui rappelant qu'il ne serait plus entravé par ses frères ou encore humilié par Héraklès comme ce fut le cas il y a peu de temps. En se penchant vers Arès pour lui proposer de croquer dans une pomme rouge sang, elle laissa apparaître une médaille qui vint s'agiter tel un pendule devant le regard ombrageux du dieu guerrier. Il ne put retenir sa langue en voyant le visage d'un mortel gravé sur le pendentif. Il la provoqua pour savoir qui d'elle ou de Perséphone eut finalement les faveurs du bel adolescent. La déesse de l'Amour se pinça fermement les lèvres et tendit son bras vers le temple se trouvant derrière eux. De son index, elle convoqua une paire de lions qui se détachèrent de l'ombre des colonnes pour s'avancer de part et d'autre de leur maîtresse, mais avant qu'ils ne pussent bondir sur l'infâme Arès la foudre s'abattit sur le parvis !

Zeus était-il enfin parmi ses enfants ? Arès leva nonchalamment les yeux au ciel pour les rabaisser avec mépris : il savait pertinemment que la puissance de cet éclair n'était rien face à celle de son géniteur. Portée par les vents grâce à son égide fabuleuse, Athéna scella d'un geste noble le regard de Méduse dont la tête ornait son poitrail. Elle se posa en douceur près d'Aphrodite qui avait pris quelques distances d'Arès et d'Eris, surprise par le trait de foudre que venait de lancer sa jeune sœur. Fichée sur son épaule, sa chouette aperçut la colombe d'Aphrodite et décida de la prendre en chasse. D'un claquement de doigts, Athéna métamorphosa son volatile en serpent. Une fois sur le sol, un peu sonné, le reptile retourna vers sa propriétaire pour s'enrouler autour de sa lance.

Si Arès attendait Héphaïstos, Athéna redoutait quant à elle de croiser sa route ; tout le monde savait qu'elle scrutait les environs dans l'espoir qu'il ne puisse répondre à l'invitation. Elle ne supportait toujours pas qu'il ait pu lui donner cet enfant monstrueux qu'elle n'avait point voulu élever. Malheureusement pour elle un vacarme mécanique lointain se fit entendre.

Depuis le flanc de la montagne nous pûmes admirer tout le savoir-faire de cet inégalable artisan : une machine faite d'or de haut en bas transportait le dieu forgeron et ses protégés, les Cabires, tout aussi doués dans tous les arts que leur protecteur. Des flancs de ce curieux vaisseau s'agitaient des sortes de bras – peut-être huit ou dix – qui venaient à tour de rôle transpercer la roche pour faire grimper les artisans à la façon d'une araignée géante. Même à plusieurs mètres de la scène nous pouvions voir toute la laideur extérieure du personnage : les pieds retournés, le dos voûté, le visage ingrat... comment reprocher à Aphrodite de vouloir s'étendre dans la couche d'un autre dieu ? Mais comment un immortel aussi repoussant a-t-il pu créer la femme, cet être aussi désirable et gracieux ? Pourquoi le Titan Prométhée ne sait-il pas chargé de cet œuvre tandis que lui et Athéna produisaient le genre humain ? Un feu aux reflets verdâtres presque irréel émanait de la machine d'Héphaïstos ; il nous en fit perdre notre attention.

Nous sortîmes de notre hypnose collective que par l'intervention d'une cohorte bruyante et bigarrée. C'était la thiase de Dionysos qui s'en revenait des Indes par le nord. Partout sur son passage il avait emporté des victoires militaires et conquis des terres. Aux confins de l'Orient il planta des piliers de pierre : souhaitait-il faire écho à ceux d'Héraklès en extrême Occident ? Une joyeuse cacophonie régnait dans les rangs de ses troupes : les flûtes des Faunes et des Satyres sonnaient, les tambours des Ménades résonnaient, les Corybantes frappaient leurs épées contre leurs boucliers. Un nuage d'abeilles, l'insecte de Dionysos, planait paisiblement au-dessus de la mêlée. Sous les pas du plus iconoclaste des enfants de Zeus jaillissait tantôt du lait, tantôt du vin, tantôt du lierre, tantôt des fleurs ; la vie s'étendait dans son sillage. Entre lui et sa troupe, plusieurs divinités l'accompagnaient : la très féconde Déméter qui serrait dans sa main trois épis de blé, elle tenait de son autre main sa fille Perséphone qui délaissait l'Hadès durant six mois comme le voulait sa malédiction. Les deux déesses portaient des colliers faits de lierre et de psilocybes aux couleurs chatoyantes : était-ce là deux des ingrédients de la boisson que buvaient les princes et les rois lors de leur cérémonies secrètes – celles renouvelant leur vigueur ? Derrière elles avançaient la Grande Cybèle, la belle Ariane – l'épouse de Dionysos –, montée sur un taureau, qui prenait peur à chaque mouvement brusque du puissant Héraklès, passablement éméché, qui leur contait énergiquement quelques-uns de ses fameux Travaux. La coiffe bovine d'Ariane nous interrogea : le scalp du Minotaure, défait par Thésée, son premier amour ? Les mortels Ariane et Héraklès allaient-ils pouvoir pénétrer l'Olympe ?

Du sommet de la montagne fut projetée une vive lumière. Elle provenait du temple sacré ; c'était Héra aux bras blancs qui appelait ses convives. L'épouse adultère de Zeus descendit majestueusement les marches de l'escalier de marbre, son sceptre d'or dans la main. Son regard souverain parcourut horizontalement le parvis : Apollon et Artémis, accompagnés de leurs loups, s'inclinèrent devant elle ; Arès, Aphrodite et Athéna hochèrent la tête ; Héphaïstos ignora l'appel de sa mère – elle le méritait bien après l'avoir handicapé – ; le tumultueux Dionysos venait d'arriver et salua ironiquement, tel un aristocrate trop zélé, la femme de son père tandis que Déméter alla rejoindre sa sœur, équipée pour seule arme de son sourire. Héra l'interpella pour savoir si Hestia serait des leurs. Une fois de plus la déesse blanche ne viendrait pas. Quand Poséidon se positionna lui aussi près de l'épouse de Zeus, il prit soin d'esquiver le regard assassin de son autre sœur, Déméter, laquelle ne s'était pas remise de son outrage. Hadès manquait également à l'appel, Perséphone le représentait. Il ne quittait plus le Royaume des Ombres à tel point que même parmi les dieux l'on se demandait s'il n'avait pas disparu... Même Hermès qui passait sans cesse du Ciel aux Enfers n'avait plus aperçu l'époux de Perséphone depuis fort longtemps. Il se contentait de déposer les âmes des défunts derrière la porte d'airain gardée par le monstrueux Cerbère.

En parlant du meilleur ami d'Apollon, il arrivait en trombe vers l'Olympe, traversant d'épaisses couches nuageuses comme une flèche géante – laissant derrière lui une traînée blanchâtre de centaines de lieues de distance. Au loin, un vol d'ibis semblait accompagner son parcours avec logiquement un certain retard sur lui ! Son casque doré vissé sur le crâne, ses talaria chaussés aux pieds et son caducée en main il atterrit sans encombre auprès des enfants de Léto. Nous avions remarqué plusieurs bâtons de la sorte à travers nos voyages, portés par des dieux aux fonctions différentes ; mais toujours favorables aux mortels. Quelles en étaient les attributions exactes ? Hermès exprima d'abord ses respects envers Héra avant d'embrasser chaleureusement son frère Apollon, le tout dans un langage que nous ne reconnaissions pas – l'on prétend que c'est lui l'inventeur du langage et de l'écriture. Il s'enquit de la présence de leur père auprès de sa fratrie lorsque très haut au-dessus du temple résonna le cri perçant d'un aigle. Tous reconnurent Zeus sous sa métamorphose fétiche. Avant d'entamer sa descente, tous distinguèrent des Harpies qui volaient de concert avec lui ; y en avait-il deux ou trois ? Parmi ses enfants on s'inquiétait de leur présence sur l'Olympe. Se donnant en spectacle, le roi des dieux se posa dans un coin isolé du parvis dans un fatras assourdissant et aveuglant d'éclairs qu'il émettait depuis ses paumes. Tout s'éteignit lorsqu'il serra les poings. Il constata alors avec une satisfaction non feinte que tous les habitués avaient répondu à son appel. Il s'approcha alors de ses frères et sœurs avec une démarche digne de son rang. Il ne put retenir un sourire qu'il destina à Athéna – sa fille préférée –, laquelle utilisait sa foudre à bon escient. Il prit place près d'Héra dont la couche demeurait aussi glaciale que les regards qu'elle jetait à son époux. La jeune Hébé, sœur d'Arès et d'Héphaïstos, l'échanson des Olympiens, se présenta avec un plateau d'argent. Elle servit à l'assemblée des coupes contenant le nectar qui permettait aux dieux de demeurer jeunes. Nombre de mortels souhaiteraient connaître le contenu de cette boisson ocre aux reflets moirés… Après avoir avalé d'un trait son nectar, Zeus ouvrit les bras et d'une voix qui nous sembla résonner dans l'Univers entier déclara : "Que commence cette nouvelle réunion des Douze Dieux de l'Olympe !"

Fresque de Raphaël, Loggia de Psyché, villa Farnèse (Rome), 1517.

Lexique

(Gina'abul ou proto-sumérien & suméro-akkadien & égyptien)

- **A'a** = l'un des deux Abgal originels avec Wa. Engendrés par la Triple-Puissance (parthénogenèse) de Barbélú sur Dubkù-Uraš (la Terre).
- **A'amenptah** = ou Amenti, nom égyptien de l'Atlantide. Sa traduction stricte en égyptien d'A'amenptah est "le lieu grand et stable de Ptah".
- **Abgal** = ou Apkallû (en akkadien), Sages du système de Gagsisá *(Sirius)*. Gina'abul de type amphibien. Ils apparaissent dans notre étude sous différents collèges comme les Djaïsu (Égypte) ou les Cabires (Grèce).
- **Abzu** = les abysses, le monde intérieur de toute planète. Partie creuse de chaque globe planétaire abritant ses eaux souterraines.
- **Abzu-Abba** = roi des Gina'abul de Margíd'da *(Grande Ourse)*, un des sept Ušumgal, époux de Tiamata et survivant de la Grande Guerre.
- **Ádam** = "bêtes", "animaux", "troupeaux" en sumérien (Á-DAM), soit l'appellation des dieux donnée aux premiers hommes.
- **Ama'argi** = femelles Amašutum de la Terre dont la souveraine est Dìm'mege, fille de Nammu-Nuréa et sœur de Sé'et et Sa'am.
- **Amašutum** = nom commun des femelles chez les Gina'abul. Elles font partie de l'engeance multiraciale des Kadištu (planificateurs).
- **An** = le septième et dernier des Ušumgal, créateur de Sa'am et des Anunna (avec Ninmaḫ) dont il est le souverain.
- **Anšár** = père créateur (avec Kišár) de An, membre du conseil

restreint des sept Ušumgal.
- **Anunna** = litt. "progéniture princière" ou les "les princes du Père", souche guerrière Gina'abul créée par An et Ninmaḫ sur le Dukù.
- **Anunnaki** = Anunna du KI ("terre" ou "lieu"), soit ceux vivant sur Terre.
- **Arallu** = nom que les Akkadiens donnaient au Kigal, le Séjour inférieur de leur mythologie.
- **Asar** = litt. En égyptien le "siège de l'œil", véritable nom d'Osiris selon Anton Parks.
- **Ašme** = premier fils de Nammu-Nuréa et ancienne incarnation de Sa'am.
- **Barbélú** = astrophysicienne appartenant aux Mušgir, elle est une très ancienne incarnation de Šuḫia elle-même incarnation de la première reine Mušgir Pištéš. Barbélú arriva sur Dubkù-Uraš par accident suite à une mission qui s'est mal déroulée. Sur Terre, elle mettra au monde cinq enfants, à l'origine des souches Gina'abul (Emesir et Muš'šagtar), Abgal (A'a et Wa) et Kingú (Ía'aldabaut).
- **Diğir ou Dingir** = divinité(s).
- **Dilmun** = île mythique de l'Est (aujourd'hui à l'Ouest), où Enki, dans la mythologie mésopotamienne, a établi son domaine maritime. Nom sumérien de l'Amenti.
- **Dìm'mege** = sœur de Sa'am-Enki et de Sé'et-Isis. Elle est la fille de Nammu-Nuréa et reine des Ama'argi.
- **Djaïsu** = groupe égyptien de sept divinités figurant les sept paroles créatrices de Neith dans la religion d'Edfu. Ils sont des échos des Abgal de Kalam.
- **Djehuti (ou Zehuti)** = nom égyptien de Thot, archétype de l'Hermès grec.
- **Dogan (ou Neferu)** = mot turc (signifiant "faucon") provenant du sumérien DU_{14}-GAN, soit "porter le combat" ou "enfanter la guerre". Ils sont les enfants hybrides de Nungal-Adinu et de femmes Homo Sapiens.
- **Dubkù** = nom Mušgir de la planète Terre. Appelée Uraš par les Gina'abul.
- **Dukù** = nom de la planète principale du système Ubšu'ukkinna dans la constellation Mulmul *(Les Pléiades)*.
- **Dukug** = montagne du Taurus où fut établie la cité de Kharsağ

(actuelle Turquie).
- **Éa** = "(celui de la) Maison de l'Eau". Nom akkadien d'Enki (Sa'am)
- **Eden** = jardin de Ninmaḫ à Kharsağ.
- **Edin** = litt. en sumérien : "la plaine", "la steppe". Le lieu où les Ádam travaillent pour les Gina'abul.
- **Emešà** = langage matrice des prêtresses comprenant les syllabaires sumérien et akkadien, clé de la codification des langues de la Terre.
- **Emesir** = seule fille de Barbélú. Elle est avec son frère Muš'šagtar à l'origine des lignages Gina'abul Šutum et Amašutum. Avec A'a et Wa, elle engendra la lignée Abgal.
- **Enki** = litt. en sumérien "seigneur de la Terre", titre donné à Sa'am sur Terre.
- **Enlíl** = litt. en sumérien "le seigneur du souffle".
- **Gigal** = terme utilisé par les natifs du plateau de Gizeh pour dénommer le réseau souterrain se situant au-dessous des pyramides. Sans doute dérivé du sumérien Kigal ("grand bas").
- **Gina'abul** = "reptile" en sumérien. Race reptilienne comprenant les Šutum, les Amašutum, les Kingú, les Mušgir, les Mìmínu, les Nungal et les Anunna. Ils sont les successeurs et (en partie) descendants des Mušidim.
- **Ǧírkù** = litt. "le saint éclair de lumière" ou "la sainte épée". Les Ǧírkù sont des cristaux de roche cylindriques qui appartiennent aux Amašutum et dans lesquels sont enfermées toutes sortes d'informations.
- **Hé'er** = dit Her-Râ ou Râ-Her. Il s'agit de "Horus l'ancien" ou "Horus l'aîné", fils de Nammu-Nuréa (Nut en Égypte). Il est le protecteur de l'Égypte. On le retrouve aussi sous le nom de Râ en égyptien.
- **Heru** = nom égyptien d'Horus, Horus étant la version grécisée de Heru.
- **Ia'aldabaut** = cinquième enfant de Barbélú. Il est à l'origine de la souche des Kingú.
- **Kadištu** = Engeance multiculturelle de Planificateurs au service de la Source Originelle *("Dieu")*. Les Kadištu forment la communauté planificatrice de notre univers.
- **Kalam** = nom donné à leur territoire par les Sumériens.

- **Kemet** = nom de l'Égypte que l'on retrouve sous la forme égyptienne Kemet ("pays noir").
- **Kharsağ** = cité souveraine des Gina'abul dans les montagnes du Taurus (en actuelle Turquie).
- **Kigal** = nom que les Sumériens donnaient au Séjour inférieur dans leur mythologie. Il rappelle de "Gigal" égyptien.
- **Kingú** = engeance princière Gina'abul occupant la constellation d'Ušu *(la constellation du Dragon)*.
- **Kingú Babbar** = litt. "Kingú albinos". Ils dirigent les Kingú et incarnent l'autorité dominante et royale dans la constellation d'Ušu *(la constellation du Dragon)*. Ils furent créés par Ía'aldabaut, cinquième et dernier enfant de Barbélú.
- **Kišár** = frère androgyne d'Anšár, un des sept Ušumgal.
- **Mamítu-Nammu-Nuréa** (Mam, Mamí, Mama, Nut) = grande planificatrice Gina'abul, elle travaille avec les Kadištu. Elle est la planificatrice en chef sur Uraš *(la Terre)*.
- **Marduk** = titre divin désignant le maître des lois du Mardukù. Utilisé tour à tour pour surnommer Enlíl puis Heru.
- **Mardukù** = litt. "ce qui est dispersé et appliqué dans le Dukù". Texte de loi élaboré par Mamítu-Nammu-Nuréa et Sa'am-Nudímmud-Enki en vue d'administrer les Anunna du Dukù. De ce terme découle le nom Marduk qui n'est autre qu'un titre divin visant à désigner le souverain exécutif du Mardukù.
- **Mulge** = litt. "l'astre noir", sainte planète des Amašutum et des Kadištu dans le système solaire. Cet astre évoluait autrefois entre Mars et Jupiter.
- **Muš** = serpent, reptile.
- **Muš'šagtar** = fils de Barbélú, né sur Dubkù. Frère de Emesir (avec qui il engendrera les premières lignées Gina'abul), de A'a, Wa et Ía'aldabaut.
- **Mušgir** = sorte de dragon à taille humaine, ancienne souche Gina'abul recréée par An et Anšár.
- **Mušidim** = "les faiseurs de vie", ancêtres des Gina'abul. Du sumérien MUŠ(serpent)-IDIM(supérieur, puissant, distingué), litt. "serpent(s) puissant(s) ou distingué(s)".
- **Namlú'u** = terme employé par les "dieux" et les Sumériens pour nommer l'humanité primordiale et multidimensionnelle produite par les planificateurs. Elle disparaîtra en ANGAL

(dimensions supérieures de la réalité) lors de l'arrivée des Anunna sur Terre.
- **Neb-Heru** = litt. "Seigneur Horus" en égyptien, titre sacré et nom caché d'Heru.
- **Neferu (ou Dogan)** = progéniture guerrière issue de l'union des Nungal-Adinu et d'humaines. Neferu est un terme égyptien signifiant les "enfants" ou les "descendants".
- **Níama** = force de l'Univers qui est en toute chose. Les Mušidim-Gina'abul l'utilisent sous forme de télépathie et de télékinésie, notamment.
- **Ninmaḫ** = fille et bras droit de Tiamata, et donc sœur de Nammu-Nuréa. Elle participe à l'élaboration des Anunna avec An et dirigera tour à tour la colonie Gina'abul sur Uraš puis l'A'amenptah à la demande de Sa'am-Enki.
- **Nudímmud** = "cloneur", épithète de Sa'am-Enki, litt. "celui qui façonne et met au monde les images" litt. en sumérien.
- **Nungal** = race de planificateurs mâles créée par Sa'am-Enki et Mamítu-Nammu-Nuréa en parallèle de la création des Anunna. Ils sont les premiers Géants de la mythologie grecque.
- **Sa'am** = fils cloné de An. Protagoniste et premier narrateur de l'histoire, également nommé Nudímmud (le cloneur), Enki ("le seigneur de la Terre"), Éa ("(celui de la) Maison de l'Eau"), Ašár ("l'unique glorifié" = Osiris)…
- **Šàtam** = "administrateur territorial" en sumérien. Enlíl est le grand Šàtam de la colonie Gina'abul qui vit sur le Dukug (la montagne sainte) et en Edin, la plaine mésopotamienne.
- **Sé'et** = suivante et fille de Mamítu-Nammu-Nuréa, litt. "marque de vie", "présage de vie" ou "force de vie" en Emešà, il s'agit d'Isis en Égypte. Nous apprenons dans le tome 0 des Chroniques qu'elle héberge l'esprit de Barbélú pour tromper ses ennemis.
- **Shemsu-Râ ou Šè'emsu-Rá** = respectivement en égyptien et sumérien : "suivants de la lumière" et "parents de la tempête qui guide". Il s'agit des suivants de Râ, c'est-à-dire des Nungal, une partie des anges veilleurs. Ils seront à l'origine de la lignée hybride des Neferu-Dogan.
- **Siensišár** = voir **Uzumúa.**
- **Sukkal** = race importante de planificateurs à forme d'oiseau.

- **Tiamata** (Tigeme) = reine des Gina'abul de Margíd'da *(Grande Ourse)*, une des sept Ušumgal. Elle est l'épouse de Abzu-Abba.
- **Ugubi** = "ancêtre inférieur", le singe.
- **Ugur** = "nom d'usine" du Ǧírkù de Sa'am-Enki dont héritera Horus.
- **Ukubi** = "peuple inférieur" ou "multitude inférieure", genre Homo.
- **Ukubi'im** = Homo Neanderthalensis.
- **Únamtila** = "la plante de la vie".
- **Uraš** = nom Gina'abul de la planète Terre.
- **Urshu** = litt. les "guetteurs" ou "veilleurs" en égyptien. Il s'agit des suivants d'Osiris qui font partie des Shemsu Nungal. Ils proviennent de l'Ouest actuel et de l'Atlantide. Dans l'imagerie égyptienne, ils portent un masque de loup. Comme les Shemsu-Râ, ce sont aussi des guerriers.
- **Ušumgal** = "Grand Dragon" litt. en sumérien, nom des sept dirigeants qui gouvernent les Gina'abul de la constellation Margíd'da *(la Grande Ourse)*. Les sept Ušumgal, originaires de la constellation Urbar'ra *(la Lyre)*, sont les seuls rescapés Ušumgal de la Grande Guerre qui divisa les Gina'abul. Ils furent créés à l'origine par les Kingú-Babbar qui les utilisèrent comme esclaves.
- **Uzumúa** = "fabrique-chair", nom donné dans les récits mythologiques mésopotamiens aux matrices artificielles utilisées pour créer génétiquement de nouveau spécimens ou espèces.
- **Wa** = deuxième Agbal primordial né de Barbélú sur Dubkù-Uraš (la Terre). Il est à l'origine, avec son frère A'a, de toute la lignée Abgal. Wa sera akkadisé en Uan dans les mythes mésopotamiens.
- **Zehuti** (ou Djehuti) = ZE-HU-TI, "le souffle (ou l'esprit) de l'oiseau de vie" que l'on retrouve sous la forme égyptienne Djehuti qui correspond au dieu Thot. Il est un Nungal fidèle à Sa'am-Enki puis à Horus. C'est la grande scientifique qui permit notamment le prodige de la Grande Pyramide de Gizeh.

BIBLIOGRAPHIE

- **André-Salvini**, Béatrice, *Babylone*, Éd. PUF (Que sais-je ? 292), 2001
- **Bancourt**, Pascal, *Le Livre des Morts égyptien -Livre de Vie*, Éd. Dangles, 2001
- **Bord**, Lucien-Jean, *Petite grammaire du sumérien à l'usage des débutants*, Éd. Geuthner, 2003
- **Bottéro**, Jean, et **Kramer**, Samuel Noah, *Lorsque les dieux faisaient l'homme*, Éd. Gallimard, 1989
- **Cavigneaux**, Antoine, et **Al-Rawi**, F.N.H., *Gilgamesh et la mort, Textes de Tell Haddad VI, Cuneiform Monographs, 19*, Groningen, 2000
- **Clermont-Ganneau**, Charles-Simon, *Horus et Saint-Georges*, extrait de la *Revue Archéologique*, 1977
- **Contenau**, Georges, *La civilisation d'Assur et de Babylone*, Éd Payot, 1951
- **Dacosta**, Yves, *Initiations et sociétés secrètes dans l'Antiquité gréco-romaine*, Éd. Berg International, 1991
- **De Gravelaine**, Joëlle, *La Déesse sauvage*, Éd. Dangles, 1993
- **D'Huy**, Julien, et **Le Quellec**, Jean-Loïc, *Comment reconstruire la préhistoire des mythes ? Applications d'outils phylogénétiques à une tradition orale*, Éd. Matériologiques, 2014
- **Durand**, Gilbert, *Les Structures anthropologiques de l'Imaginaire : introduction à l'archétypologie générale*, Éd. Dunod, 1992
- **Gimbutas** Marija, *Le langage de la Déesse*, Éd. Des femmes/Antoinette Fouque, 2005
- **Guilhou**, Nadine et **Peyré**, Janice, *La Mythologie Égyptienne*, Éd. Poche Marabout, 2014
- **González García**, Francisco Javier, *Hestia chez Homère : foyer ou déesse ?*, in *Mythes et fiction* (collectif d'auteurs), Éd. PU Paris Ouest, 2010
- **Graves** Robert, *Les Mythes grecs*, Éd. Le Livre de Poche,

2011
- **Jacq**, Christian, *La Légende d'Isis et d'Osiris*, Éd. MdV Éditeur, 2010
- **Labat**, René et **Malbran-Labat**, Florence, *Manuel d'épigraphie akkadienne : Signes, Syllabaire, Idéogrammes*, Éd. Geuthner, 2002.
- **Labouret**, Henri, *Histoire des Noirs d'Afrique*, Éd. P.U.F, 1946
- **Morteveille**, Gérard, *Le mur vitrifié de Sainte-Suzanne*, in : Histoire et patrimoine ; Maine Découvertes, n° 47, décembre 2005
- **Nilsson**, Martin Persson, *Primitive Time-reckoning : A Study in the Origins and First Development of the Art of Counting Time Among the Primitive and Early Culture Peoples, Volume 1*, Éd. Gleerup, 1920
- **Noble**, Vicki, Motherpeace : A Way to the Goddess through Myth, Art & Tarot, Éd. San Francisco Harper & Row, 1983
- **Otto**, Walter F., *L'Esprit de la religion grecque ancienne : Theophania*, Éd. Berg International, 1995
- **Parks**, Anton, *Chroniques du Ǧírkù tome 0, Le Livre de Nuréa*, Éd. Pahana Books, 2014
- **Parks**, Anton, *Chroniques du Ǧírkù tome 1, Le Secret des Étoiles Sombres*, Éd. Pahana Books, 2016
- **Parks**, Anton, *Chroniques du Ǧírkù tome 2, Ádam Genisis*, Éd. Nouvelle Terre, 2007
- **Parks**, Anton, *Chroniques du Ǧírkù tome 3, Le Réveil du Phénix*, Éd. Nouvelle Terre, 2010
- **Parks**, Anton, *Le Testament de la Vierge*, Éd. Nouvelle Terre, 2011
- **Parks**, Anton, *Éden*, Éd. Nouvelle Terre, 2011
- **Parks**, Anton, *La Dernière Marche des dieux*, Éd. Pahana Books, 2013.
- **Ratton** Charles, *L'or fétiche, Présence africaine*, n°10-11, 1951
- **Reintges**, Chris, et **Kihm**, Alain, *L'égyptien ancien : 6000 ans d'histoire, Dossier pour la Science, L'Égypte à la croisée des Mondes*, Dossier n°80, Juillet-Septembre 2013
- **Salles**, Catherine, *Quand les dieux parlaient aux hommes*, Éd. Tallandier, 2003

- **Segy**, Ladislas, *The symbolism of the snake in Africa*, Arch. Für Völkerkunde, IX, Vienne, 1954
- **Sorel**, Reynal, *Orphée et l'Orphisme*, Éd. PUF, 1995
- **Steiner**, G., *Sumerisch und Elemisch : Typologische Parellelen, Acta Sumerologica 12*, 1990
- **Sterckx**, Claude, *La Mythologie du Monde Celte*, Éd. Poche Marabout, 2014

Déjà parus

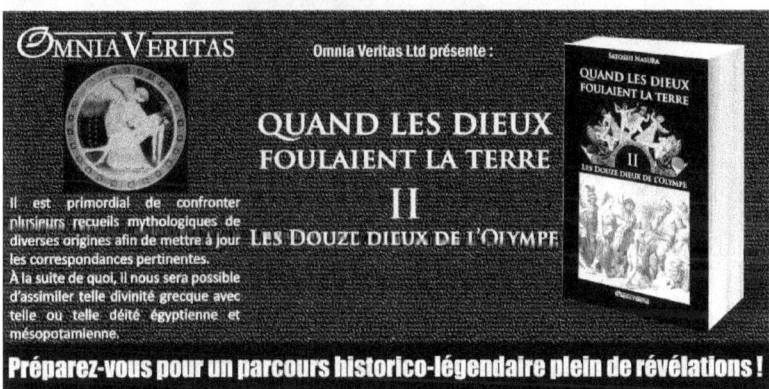

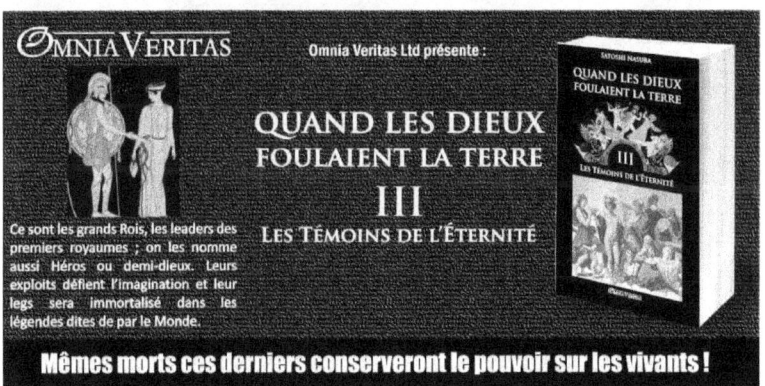

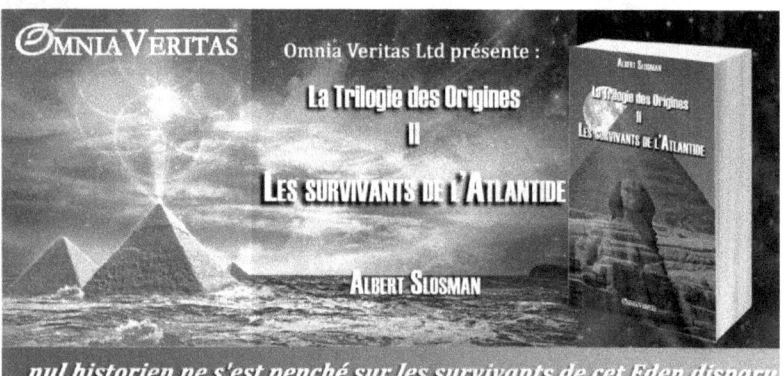

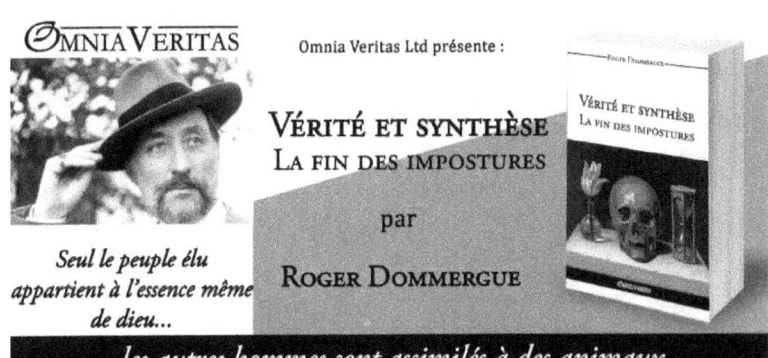

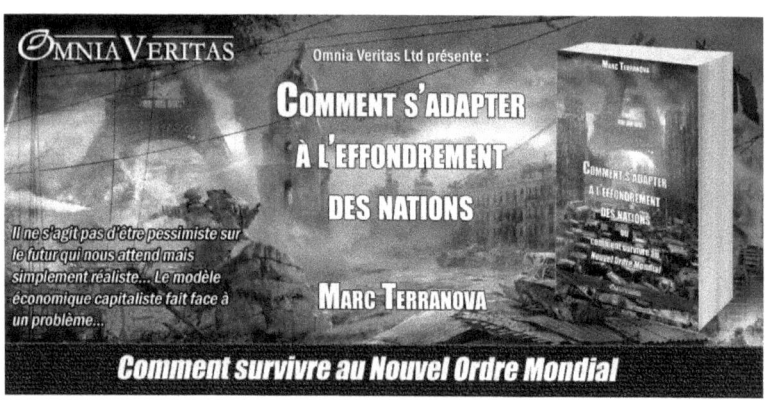

www.omnia-veritas.com

www.ingramcontent.com/pod-product-compliance
Lightning Source LLC
Chambersburg PA
CBHW050148170426
43197CB00011B/2011